Roland Hanewald

Amrum

001aam rh

„Wollt ihr die Schweiz im Kleinen sehn,
müßt ihr von Föhr nach Amrum gehn.
Der Dünen flüchtig Sandgefild
zeigt täuschend Euch der Alpen Bild.
Sie schimmern ja so weiß und licht,
und oben fehlt's an Hafer nicht.
Ein wenig Gras auf wüstem Sand,
was braucht Ihr mehr zum Schweizer Land?"

Gedicht aus dem Jahre 1844

Impressum

Roland Hanewald
Reise Know-How Amrum

erschienen im
Reise Know-How Verlag Peter Rump GmbH
Osnabrücker Str. 79, 33649 Bielefeld

8., neu bearbeitete und
komplett aktualisierte Auflage 2016

Gestaltung
Umschlag: G. Pawlak, P. Rump (Layout),
M. Luck (Realisierung)
Inhalt: G. Pawlak (Layout), C. Schmidt (Realisierung)
Karten: der Verlag
Fotonachweis: R. Hanewald (rh), P. Rump (pr),
Dreamstime.com © Sandy Matzen (S. 172)
Titelfoto: R. Hanewald
(Motiv: Düneneinsamkeit bei Norddorf)

Anzeigenvertrieb
KV Kommunalverlag GmbH & Co. KG,
Alte Landstraße 23, 85521 Ottobrunn,
Tel. 089-928096-0, info@kommunal-verlag.de

Lektorat: L. Werner; **(Aktualisierung):** M. Luck
Druck und Bindung: D3 druckhaus GmbH, Hainburg

ISBN 978-3-8317-2831-2
Printed in Germany

Dieses Buch ist erhältlich in jeder Buchhandlung Deutschlands, der Schweiz, Österreichs, Belgiens und der Niederlande. Bitte informieren Sie Ihren Buchhändler über folgende Bezugsadressen:

Deutschland
Prolit GmbH, Postfach 9, D-35461 Fernwald (Annerod)
sowie alle Barsortimente
Schweiz
AVA Verlagsauslieferung AG
Postfach 27, CH-8910 Affoltern
Österreich
Mohr Morawa Buchvertrieb GmbH
Sulzengasse 2, A-1230 Wien
Niederlande, Belgien
Willems Adventure, www.willemsadventure.nl

Wer im Buchhandel trotzdem kein Glück hat, bekommt unsere Bücher auch über unseren
Büchershop im Internet: www.reise-know-how.de

006no rh

Wir freuen uns über Kritik, Kommentare und Verbesserungsvorschläge, gern auch per E-Mail an info@reise-know-how.de.

Alle Informationen in diesem Buch sind vom Autor mit größter Sorgfalt gesammelt und vom Lektorat des Verlages gewissenhaft bearbeitet und überprüft worden.

Da inhaltliche und sachliche Fehler nicht ausgeschlossen werden können, erklärt der Verlag, dass alle Angaben im Sinne der Produkthaftung ohne Garantie erfolgen und dass Verlag wie Autor keinerlei Verantwortung und Haftung für inhaltliche und sachliche Fehler übernehmen.

Die Nennung von Firmen und ihren Produkten und ihre Reihenfolge sind als Beispiel ohne Wertung gegenüber anderen anzusehen. Qualitäts- und Quantitätsangaben sind rein subjektive Einschätzungen des Autors und dienen keinesfalls der Bewerbung von Firmen oder Produkten.

Roland Hanewald

AMRUM

Vorwort

Man düst heute in die Karibik und auf die Kanaren und nach Mallorca sowieso. Dabei übersieht man leicht, dass wir ein paar schmucke Kleinodien in unserem eigenen Hausmeer besitzen.

Die Inseln Sylt und Norderney beanspruchen den Ehrentitel „Königin der Nordsee", doch die Krone gebührt viel eher Amrum. Die Königin ist nicht nur schön, sie ist auch vornehm-zurückhaltend und sehr konservativ. Sie verabscheut alles Gekünstelte und mehr noch Lärm und Schmutz. Auf Amrum gibt es keinen Flugplatz, und wenn auch Kraft-

008am rh

fahrzeuge bislang zugelassen sind, so denkt man darüber nach, auch ihnen in unferner Zukunft Zügel anzulegen. Den wenigen verbleibenden unnatürlichen Dezibeln kann der Inselbesucher alsdann entgehen, indem er Amrums gewaltigen Kniepsand aufsucht. Dieser urige Strand, eine der größten Sandflächen Europas, wartet allenfalls mit Windgebraus, Brandungsrollen und Vogelrufen auf – allesamt Geräuschen, auf die das menschliche Ohr geeicht ist. Auch die statistische Möglichkeit, hier dem Nachbarn über den Weg zu laufen, ist geringer als bei den vorgenannten Destinationen. Denn hier gibt es Sand, Sand, Sand – fast schon saharische Verhältnisse.

Der Reiz liegt in der Natürlichkeit der Insel, nicht zuletzt auch ihrer Menschen, die sich gegen alles Schrille und Poppige sperren und sich auch Bevormundungen von höherer Warte nicht gefallen lassen. Davon kann man lernen.

Obwohl Amrum sich traditionsbewusst gibt und auf laute Marketingstrategien und „Events" gänzlich verzichtet, ist die Insel ein lockendes Ziel, auf dem sich vieles zu sehen, zu erleben und zu tun findet.

Also doch nicht per Touri-Flieger in die Karibik? Auf einen alternativen Versuch käm's ja mal an.

Roland Hanewald

Inhalt

Exkurse

Sehenswertes

Allgemeine Reisetipps

Insel-Info A–Z

Geschichte und Natur

Die Nordsee

Karten

Ortspläne

Thematische Karten

Hinweis

Die **Internet- und E-Mail-Adressen** in diesem Buch können – bedingt durch den Zeilenumbruch – so getrennt werden, dass ein Trennstrich erscheint, der nicht zur Adresse gehören muss!

1 Sehenswertes

< Ein „Sprechender Stein" erzählt seine Geschichte

Einleitung

Die Insel Amrum mit allen ihren Naturschönheiten muss man eigentlich eher **als Ganzes genießen,** als dass man sich aus dem großen Kuchen einzelne Rosinen herausbohrt. Sie bietet ohnehin keine grandiosen Zeitzeugnisse wie Burgen (außer solchen aus Sand) oder Schlössern (außer prachtvollen Wolkentürmen), keine Gebirge und Wasserfälle. Vieles an hübscher alter Friesenarchitektur ist erhalten geblieben, namentlich in Nebel, doch ein nicht minder großer Teil ist schlockige Kopie, und man sieht's auf den ersten Blick. Auch hat das Auto vieles vom originären Flair zerstört, der einst den unvergleichlichen Charme der Insel ausmachte. Die vielen bunt gekleideten Touristen sehen auch nicht gerade wie friesische Fischer aus. Sehenswertes im Sinne von touristischem „Sightseeing" ist deshalb kaum vorhanden. Dennoch sollte sich der Amrum-Besucher auf Tour begeben, um hier und da einen Glanzpunkt zu entdecken und seinen Gesamteindrücken zuzufügen. Möge dieses Kapitel dabei eine kleine Hilfestellung geben!

Wittdün

Wittdün ist eine **Neuschöpfung im Zuge des Bäderbetriebs** gegen Ende des 19. Jahrhunderts und deshalb von allem urgroßväterlich Amrumschen verschont geblieben. Aber da Amrum immer misstrauisch gegenüber auswärtigen „Entwicklern" war, wurden hier nie Großbauprojekte wie auf Sylt realisiert. Deswegen stört heute auch kein Betonklotz Wittdüns **bescheidene Skyline** – ganz zu schweigen von den anderen Orten. Nur die poppige Appartement-Anlage „Zur Alten Post", im Volksmund „Die Keks-

041am rh

> Unübersehbar: Amrums Prachtstück

dose" genannt, sticht schon vom Anleger etwas schmerzvoll ins Auge. Man hat's vor Ort humorig genommen; jetzt gibt's sogar ein Café dieses Namens.

Leuchtturm

Der „Leuchtturm auf Groß-Dün" heißt er offiziell, und er ist **Amrums Wahrzeichen.** Einschließlich Düne erhebt er sich auf stolze 64 Meter Höhe – keiner bringt es an der deutschen Nordseeküste (Helgoland nicht mitgezählt) auf mehr. Das fotogene, rot-weiß geringelte Bauwerk wurde am 1. Januar 1875 in Betrieb genommen und hat seither verlässlich der Schifffahrt den Weg gewiesen – wenn auch leider nicht immer an Amrum vorbei. Bemannt ist er allerdings schon lange nicht mehr.

Hartnäckig hält sich in manchen Schriften die Legende, dieser Leuchtturm sei der einzige besteigbare der deutschen Nordsee – es gibt mehrere andere. Man kann ihn aber in der Tat **erklettern** und von oben ein schönes Panorama genießen, inklusive der direkt darunter liegenden Nacktkolonie. **Geöffnet** im Sommer (nicht an Feiertagen und bei widrigen Wetterverhältnissen) Mo–Fr 8.30–12.30 Uhr. Eintritt 2,50 € (ohne Kur- bzw. Gastkarte mehr).

Naturzentrum Schutzstation Wattenmeer

Am Schwimmbad 1, Tel. 2718, www.schutzstation-wattenmeer.de. **Info-Tafeln, Dioramen, Landschaftsmodelle, mehrere Seewasseraquarien.** Geöffnet tägl. (außer Di) 10–12 und 15–17 Uhr. Eintritt frei.

Kapelle

Die Kapelle in der Inselstraße 55 zeigt auf dem **Altarbild** Szenen von der Rettung Schiffbrüchiger. Bemerkenswert ist jene des Hamburger Dampfers „Albis", der 1922 nahe der Insel im Orkan gesunken war und dessen 18-köpfige Besatzung zur Gänze von Amrumer Rettungsmännern geborgen werden konnte.

Steenodde

Steenodde, **hübsch gelegen** an der Wattenmeerseite, besteht nur aus einer **Handvoll Häuser.** Das Dorf wurde 1721 gegründet. Zur Walfangära im 18. Jahrhundert war es Amrums bedeutendster Hafen und wäre vielleicht zu einer Bastion des Walfangs geworden, wenn die holländische Konkurrenz diese Pläne nicht hintertrieben hätte. Heute gehört das Örtchen administrativ zur Gemeinde Nebel.

042am rh

Süddorf

Süddorf ist Teil der Gemeinde Nebel. Es liegt nur einen Kilometer von Nebel entfernt und wird trotz stringenter Bauverordnungen wohl bald mit diesem zusammenwachsen. Süddorf mit seinen alten Friesenhäusern hat noch heute eine gewisse **anheimelnd-dörfliche Atmosphäre.**

Hark-Olufs-Haus

Hier, in Süddorf, wurde *Hark Olufs* geboren, von dem nachstehend wiederholt die Rede sein wird. Sein **Geburtshaus** existiert noch, ist aber längst nicht mehr als solches erkennbar, denn es befindet sich in Privatbesitz und wurde leider völlig modernisiert. Schräg gegenüber steht das **Hark-Olufs-Haus,** das (rot gemalte) Friesenhaus, in dem der Abenteurer bis an sein Lebensende residierte. Es ist kaum umgebaut worden und vermittelt (von außen) immer noch einen Eindruck davon, wie es zu *Hark Olufs'* Zeiten ausgesehen haben mochte. Das Haus wird bis auf den heutigen Tag von Nachfahren des Protagonisten (Familie *Martinen*) bewohnt, die sich von Herzen freuen, wenn sie *nicht* besucht und auf das Thema angesprochen werden – allzu oft ist das offenbar schon geschehen. Das Haus hat auch keinen musealen Status, obwohl ein solcher bestimmt angebracht wäre. Man kann aber zur Miete einziehen und kommt dann dem Helden von Amrum ein Stückchen näher.

☐ In diesem Haus wohnte der Held Hark Olufs

Nebel

Mit feuchtdicker Luft hat der Name Nebel nichts zu tun – er bedeutet das gleiche wie Niebüll auf dem Festland: „Neues Bohl/neue Siedlung". Hier steht die ca. 800 Jahre alte Amrumer **Kirche St. Clemens,** und hier findet man auch die größte Anzahl alter Friesenhäuser auf ganz Amrum.

Nebel ist nicht so alt wie die Kirche, sondern entstand erst im 16. Jahrhundert. Später, vor allem in der Walfangära, setzten sich hier viele Seefahrer zur Ruhe und versuchten, im Hausbau einander auszustechen, wie es in ihren Kreisen so Sitte war. So entstanden die schönen **Friesenhäuser,** die Grundlage für den heutigen Charme des Ortes. Anders als Norddorf, das mehrmals abbrannte, konnte sich Nebel das traditionell friesische Ortsbild stärker bewahren.

Mühle

Am südlichen Ortseingang steht die Windmühle aus dem Jahr 1771, die noch bis 1964 in Betrieb war und heute ein **Heimatmuseum** beherbergt. Geöffnet April bis Oktober 11–17 Uhr, Eintritt Erw. 2,50 €, Kinder ab 7 J. 1,50 €.

Eine weitere Mühle (aus dem Jahre 1900) steht in Süddorf. Sie ist in Privatbesitz und deshalb nicht zugänglich.

044am rh

Das stattliche „Öömrang Hüs"

Öömrang Hüs („Landsmannhaus")

Das historische Friesenhaus von 1736 befindet sich am Waaswai 1 (Tel. 2118). Diverses **Heimatkundliches:** Originalgeräte, Modelle, Videopräsentation u. a. Geöffnet in der Hauptsaison Mo–Fr 10.30–12.30 Uhr, Sa zusätzlich 15–17 Uhr, im Herbst und Frühjahr Mo–Sa 15–17 Uhr. Gruppen nur nach Anmeldung. Der Eintritt ist frei, doch eine Spende wird gern gesehen. Hier gibt es auch die Möglichkeit zu heiraten, s. „Insel-Info A–Z, Unterhaltung".

Stunk um das Öömrang Hüs gab es vor einigen Jahren, als eine rheinländische Versandfirma das alte Friesenhaus zum ersten Preis einer piefigen Lotterie erklärte: „Dieses Ferienhaus auf der schönen Nordseeinsel Amrum kann

schon bald Ihnen gehören!“ Im Kleingedruckten stand dann, dass das Gewinnobjekt „so ähnlich“ aussehen könnte, zuvor müsse man zudem Textilien im Wert von (damals) mindestens 25 Mark bestellen. Eigentlich zum Lachen, aber auf Amrum ärgerte man sich sehr über die unseriöse Offerte.

Kirche St. Clemens

Die Kirche St. Clemens entstand schon um das Jahr 1200. Im **Innern** sind das Taufbecken aus dem 13. und die geschnitzte Apostelreihe aus dem 14. Jahrhundert bemerkenswert. Anderes Inventar wurde im 17. Jahrhundert von Seefahrern gestiftet. Der **Kirchturm** stammt aus dem Jahre 1906 und passt nicht so recht zum Rest. Höchst interessant sind dagegen die sogenannten **Sprechenden Grabsteine** auf dem Kirchhof, 92 an der Zahl, die in großem Detail die Lebensläufe der Begrabenen wiedergeben.

Heimatlosenfriedhof

Auf dem Heimatlosenfriedhof gegenüber der Mühle sind **namenlose Tote begraben,** die auf Amrum an den Strand gespült wurden. Nichts Spektakuläres, aber eindrucksvoll-bedrückend ist es schon, wie viele Menschen dieserart ihr Leben verloren haben.

Amrums „Sprechende Grabsteine“

In Reih und Glied stehen sie **auf dem Gottesacker der Kirche St. Clemens** in Nebel: Amrums „Sprechende Grabsteine“, so genannt, weil sie in langen Texten die Lebensläufe der Toten erzählen. 92 „Exponate“ gibt es in Nebel, und das Vorzeigestück unter ihnen ist die Stele *Hark Olufs'*. Mehr zu dieser legendären Person im nächsten Kapitel. In Kurzform steht seine Vita auf der Rückseite seines Steins:

Ach, leider in meinen jungen Jahren
Mußt ich zum Raub der Algierer fahren
Und halten fast zwölf Jahr die Slaverey
Doch machte Gott durch seine Hand
mich frey
Drum sage ich noch einmal:
Ich weiß mein Gott ich muss nun sterben
Ich will, eins aber bitt ich aus
Las doch die Meinigen nicht verderben
Bewahre du das Witwen Haus
Ach Gott weil ich nicht sorgen kan
So nimm dich Frau und Kinder an.

Ein **Lebensweg in poetischer Form.** An Poesie und anderen „brotlosen Künsten" mangelte es den prosaischen Insulanergesellschaften ansonsten. Insofern gelten die ungewöhnlichen Grabmäler als wahres (und fast alleiniges) Kulturgut der Insel – wenn auch nicht unbedingt als dort gewachsenes. Den Anstoß für die Fertigung der kunstvollen Stelen brachten die Amrumer Seefahrer nämlich aus dem fernen Ausland mit. Unwahr ist auch, dass sie die Steine auf langen Reisen selbst an Bord bearbeiteten. Doch fremder Herkunft ist das Rohmaterial schon. Es stammt zumeist von der Oberweser, aus Schweden und dem Baltikum. Die Steinmetze hingegen waren

046am rh

überwiegend Insulaner, die ihre Fertigkeiten im Lauf der Jahre vervollkommneten und Werke entstehen ließen, denen man heute einen hohen künstlerischen Standard zuordnen darf. Sie geben in den damals aktuellen **Symbolen** den Zeitgeist wieder, indem sie Auskunft über Lebensauffassung, Beruf, Rang und Familie des Verstorbenen erstatten. Bilder von Schiffen, die die meisten Steine zieren, weisen nicht nur auf Seefahrer hin, sondern charakterisieren den Lauf des Lebens schlechthin. Blumen als Sinnbilder der Vergänglichkeit sind ebenfalls oft vertreten. Tulpen stellen männliche Familienmitglieder dar, sternförmige Blumen weibliche. Kreuz, Herz und Anker stehen für die drei christlichen Grundtugenden Glaube, Liebe und Hoffnung. Und immer wieder bittet man in kunstvoll gestalteten Abkürzungen um Gottes Segen für

am2016-006 rh

den Dahingegangenen, zum Beispiel mit G.S.S.S.G. = „Gott sei seiner Seele gnädig".

Unter den alten Steinen liegen keine einstmals armen Schlucker, sondern Menschen wie *Hark Olufs,* der zu Reichtum und Ehren gekommen war, Kapitäne, Walfang-„Kommandeure", Steuerleute, Harpuniere sowie deren Ehefrauen.

Bedeutsamerweise sind die **Texte auf den Steinen** fast ausnahmslos in hochdeutscher Sprache gehalten, und das, obwohl auf der Insel, wie zuvor vermerkt, stets Friesisch gesprochen wurde und immer noch wird. Aber die Alltags- und Umgangssprache war halt etwas fürs Fußvolk und hatte auf einem ehrwürdigen Grabstein nichts zu suchen.

So traurig die Anlässe für die Errichtung der Grabmäler naturgemäß sind und wenn man auch oft die zahlreichen irdischen Prüfungen

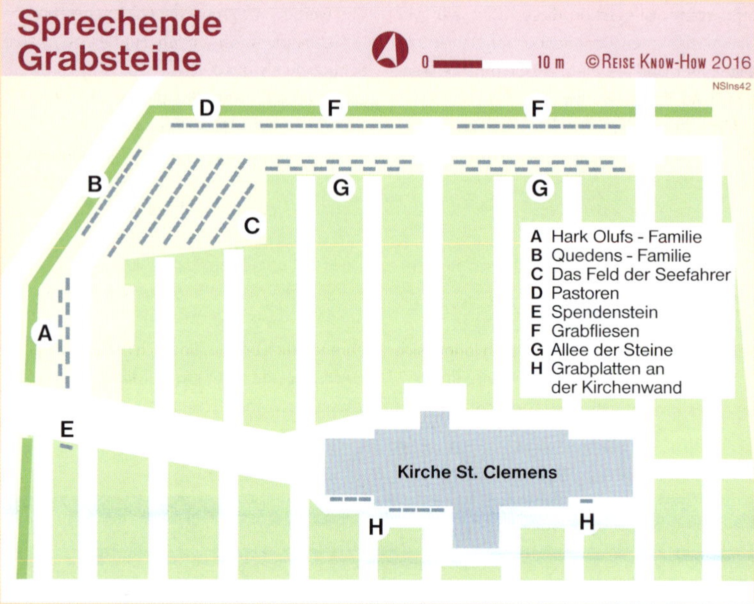

der Verstorbenen in Einzelheiten beschrieben findet, so stößt man gleichfalls auf manche tröstliche und sogar fröhliche Botschaft.

Immer wieder ist von „vergnügten Ehen" die Rede, werden christliche Tugenden und Herzensgüte gelobt. Stets aufs Neue auch befiehlt man sein Schicksal bereitwillig einer göttlichen Hand an, denn dies gebot sich in der gefahrerfüllten Welt der damaligen Seefahrer, von denen viele, wie es heute noch heißt, auf dem Meer „blieben".

Es ist besonders beeindruckend, den Gang über den Inselfriedhof auf die **späte Abendstunde** zu verlegen, wenn bei tief stehender Sonne die Inschriften auf den Steinen mit scharfen Schatten plastisch hervortreten und der Seewind in den Bäumen wispert. Manche Botschaften richten sich unmittelbar an den Kirchhofgänger. „Mein Leser", spricht ihn einer der Steine an, jener des Kapitäns *Oluf Jensen*, geboren 1672 und Vater des berühmten *Hark Olufs*, und fährt fort: „Mein Leben war ein Wechsel, von Freud und Hertzeleid …" Ein anderer Seefahrer gibt auf seinem Stein ganz freimütig zu: „Der Herr hat grosses an mir gethan". Es waren offensichtlich alles Menschen, die ihr Leben trotz vieler Mühen sehr geliebt hatten.

Einiges an Literatur existiert über die Grabsteine, in der man die manchmal schwer lesbaren Originaltexte nachverfolgen kann. Doch un-

› Nur ein paar Steine sind übrig

terhaltsamer ist es schon, diese Arbeit selbst vor Ort vorzunehmen. Der Kirchhof von Nebel steht allen offen. Und wer mehr wissen möchte, wende sich an die Geistlichkeit.

Mitte der nuller Jahre ließ sich nicht mehr übersehen, dass die kostbaren Steine unter dem Einfluss der rauen Nordseewitterung immer mehr bis zur **Unleserlichkeit** verfielen. Daraufhin wurde eine aufwendige Rettungsaktion in Gang gesetzt. Sie war nicht billig, und den eifrigen Werkern fielen zahlreiche Platten zum Opfer, von denen jetzt nur noch **Fragmente** vorhanden sind. Aber unter dem Strich lohnte sich der Aufwand, denn aus der Restaurierung gingen viele Steine wieder fast „postfrisch" hervor und werden noch mancher Folgegeneration ihre Geheimnisse verkünden. Für den optimalen Schutz durch das Kirchengebäude wurde im Jahr 2013 das ganze Standarrangement geändert (siehe nebenstehenden Lageplan). Es war vorher schöner, aber dank der Maßnahmen ist der Nebeler Kirchhof heute wieder ein touristischer Höhepunkt, den Inselbsucher nicht versäumen sollten.

Zur Pflege der Grabsteine hat sich der **„Verein zur Erhaltung der Historischen Grabsteine auf Amrum e.V."** gegründet, der die Anlage ehrenamtlich betreut und sich bei ihrer Instandhaltung gerne unterstützen lässt; Infos unter www.erzaehlende-steine.de.

048am rh

Norddorf

Seit der gute Pastor Bodelschwingh dort vor rund hundert Jahren den ersten Spatenstich tat, hat sich Norddorf von einem ärmlichen Nest zum größten und **betriebsamsten Seebad der Insel** Amrum entwickelt. Das Ortsbild ist durch viel neue Bebauung gekennzeichnet. Dabei hielt der architektonische Ästhetismus mit dem Neureichtum nicht immer Schritt. Außerdem brannte der Ort wiederholt ab, zuletzt 1925, wobei viel Original-Friesisches verloren ging. Trotzdem hat Norddorf seinen **dörflichen Charakter** bewah-

050am rh

ren können. Heute ist der Ort zu hundert Prozent auf den Fremdenverkehr ausgerichtet, was vor allem einer **reizvollen Geografie** zu verdanken ist: links die Dünen und der Strand, rechts das Watt, oben das NSG Odde (= Vorland) aus reinem Sand und voller Federwild, „unten" die Anbindung an die Zivilisation.

Naturzentrum

Der Naturschutzverein Öömrang Ferian bietet auf 130 qm Fläche fünf **Seewasseraquarien, Umweltspiele** und ein großes **Vogeldiorama. Schautafeln** informieren über das Wattenmeer, über Umweltschutz und die Amrumer Natur. Das Naturzentrum (Tel. 1635, www.naturzentrum-norddorf.de) befindet sich neben dem Strandrestaurant. Geöffnet von April bis Oktober tägl. (außer Do) 10–17 Uhr, November bis März Mi, Fr, Sa, So 12–16 Uhr. Eintritt frei.

Sehenswertes außerhalb der Orte

Hünengräber

Um mit *Ephraim Kishon* zu sprechen: „Erst sahen wir gar nichts. Als wir dann aber genau hinsahen, erkannten wir, dass es absolut nichts zu sehen gab …". Dies gilt im weitesten Sinn für die in vielen Karten getreulich vermerkten **vorzeitlichen Spuren** auf Amrum, die zum Teil immerhin auf bis zu 5000 Jahre zu-

☐ Außerhalb der Inselorte
ist u.a. die einstige Vogelkoje sehenswert

rückdatieren und einem Archäologen bestimmt Sternenaugen bescheren. Der „normale“ Inselbesucher wird keinen Nektar aus diesen Kulturdenkmälern saugen, vor allem, weil, wie gesagt, kaum etwas von ihnen zu sehen ist.

Die ein „frühzeitliches Dorf“ in Aussicht stellende Stätte auf halbem Weg zwischen Nebel und Norddorf lässt nur mit großer Mühe die **Umrisse eines Gevierts aus ein paar Steinen** im Sand erkennen, und das auch nur, weil ein Schild darauf hinweist. Das ein paar Meter weiter strandwärts befindliche „Hünengrab“ besteht ebenfalls nur aus einigen Felsbrocken. Immerhin substantiellen zwar, aber wer nicht weiß, um was es hier geht, läuft an ihnen vorbei.

Ein gleiches gilt für die insgesamt etwa 20 **weiteren Bodendenkmäler** der Insel. Teils wurden sie in jüngerer Zeit demontiert, weil die Steine den Bauern im Weg waren und weil man aus den Brocken auch Ankergewichte oder Gartenwälle machen konnte. (In der Friedhofsmauer von Nebel sollen ebenfalls diverse historische Findlinge eingemauert sein.) Teils räumten Archäologen sie aus, und es verblieb kaum etwas Sichtbares. „Ausgegraben“, „abgetragen“, vermerken die Karten. Nichts wirklich Aufregendes also. Es sei denn, man entdeckt selbst eine völlig neue Stätte. Amrum war in seiner Frühzeit eine regelrechte „Begräbnisinsel“, und vieles ist zweifellos noch nicht gefunden worden – also die Sandschaufel nicht vergessen!

049am rh

Fotogen: das Quermarkenfeuer

Quermarkenfeuer

So nennt sich der **kleine Leuchtturm,** der unweit von Norddorf pittoresk aus den Dünen ragt. Von der Landseite führt ein Bohlenweg dorthin, vorbei an „vorgeschichtlichem Dorf" und „Hünengrab"; zur See hin existiert eine Dünenüberwegung. Es gibt nichts Großartiges zu sehen, doch das Quermarkenfeuer ist ein hübsches Fotomotiv.

Vogelkoje

Eine Vogelkoje nannte man früher einen **Teich zum Fangen von Wildvögeln.** Das waren vornehmlich Enten, die in

„Pfeifen“ (Reusen) gefangen wurden. Die Amrumer Vogelkoje „Meerum“ wurde 1866 im sumpfigen Heidegelände etwa auf halbem Wege zwischen Nebel und Norddorf eingerichtet und von einem speziellen „Kojenwärter“ betreut. Eine weitere entstand 1883 in der Nähe des Leuchtturms, doch sie rentierte sich nicht und wurde bald wieder aufgegeben.

Die erste Anlage machte jedoch von Beginn an **gute Beute.** In manchen Jahren, verzeichnen die Annalen, sackte der Kojenwärter über 12.000 Vögel ein. An einem einzigen Rekordtag allein, dem 23. September 1883, betrug die Kopfzahl 868 Stück! Alles in allem wurde bis zur Stilllegung der Anlage im Jahre 1936 fast einer halben Million Enten der Hals umgedreht – das war die gängige Tötungsart. Auch auf den Nachbarinseln gab es zahlreiche tückische Fanggeräte dieser Kategorie. Das macht summa summarum eine Menge Entenbraten … Naturfreunden dreht sich da noch im Rückblick der Magen um.

Heute findet sich das Federwild in der nunmehr von Wald umgebenen Teichanlage erneut in großer Zahl ein und ist im Bewusstsein seiner jetzigen Unangreifbarkeit zum Teil so zahm geworden, dass es den Kurgästen das Knabberwerk aus der Hand frisst. Vor allem Enten und Silbermöwen sind mehr als reichlich vertreten, und sogar die seltene Graugans ist dabei. Die „Koje“ ist besonders reizvoll für Kinder, zumal auch ein Gehege mit Rehen und einige Spielgeräte vorhanden sind. Im Sommer hat ein Kiosk am Eingang geöffnet.

Austernfischer mit Gelege

Vogelwarte

Das fast immer von einem vogelkundlichen Eremiten besetzte **Wärterhaus** befindet sich auf der Wattenseite des NSG Odde und wird vom Verein Jordsand betreut. Von Mai bis Oktober täglich 10 Uhr (außer Mo) Führungen.

Wriakhörnsee

Dieses **kleine Gewässer** liegt einen knappen Kilometer außerhalb von Wittdün am Dünenrand. Der See ist ständig gut von Federvieh besucht, und an seinen Rändern wächst allerlei sehenswerte Vegetation, über deren Zusammensetzung ein Naturlehrpfad Auskunft gibt.

002am rh

2

Allgemeine Reisetipps

< Die Fähren der W.D.R. haben gut zu tun

Anreise

Überfahrt mit der Fähre

Fährverbindungen

Die Fährverbindungen zwischen dem Festland und Wittdün auf Amrum sind **nicht gezeitenabhängig.**

Im Sommer besteht **ab Dagebüll** von frühmorgens bis spätabends ein Fähranschluss, und zwar circa alle eineinhalb Stunden. Bei großem Andrang im Hochsommer werden zusätzliche Fähren eingesetzt; im Winter ist die Zahl der Abfahrten etwas niedriger.

Eine weniger frequentierte Route (Autofähre) existiert **ab Schlüttsiel.** Außerdem verkehrt (nur im Sommer) ein Ausflugsschiff **ab Strucklahnungshörn auf Nordstrand** (Parken auf Nordstrand 8 €/Monat). Beide Alternativen empfehlen sich für Reisende, die nicht in Eile sind, die im großen Strom nicht mitschwimmen wollen und die gegen eine unorthodoxe Route nichts einzuwenden haben.

Fahrpläne (siehe auch im Anhang) liegen bei der Deutschen Bahn vor (www.bahn.de). Man kann sie sich auch von der Wyker Dampfschiff Reederei (W.D.R.) zuschicken oder -faxen lassen, sofern man nicht von moderneren digitalen Einrichtungen Gebrauch macht. Reservierungen für Passagiere sind nicht erforderlich.

Reederei W.D.R.

- **Geschäftsstelle Wittdün/Amrum:** Tel. 04682-94920
- **Service-Tel.:** 04667-94030
- **Internet:** www.faehre.de

Adler-Schiffe GmbH & Co. KG

- **Geschäftsstelle Nordstrand:** Tel. 01805-123344 (0,14 €/Min. aus dem Festnetz, Mobil max. 0,42 €/Min.)
- **Internet:** www.adler-schiffe.de

004am rh

▷ Sonnige Stunden auf dem Bootsdeck

Fähre verpasst

Man studiere sorgfältig das **Kleingedruckte im Fahrplan!** Immer wieder kommt es vor, dass eine Fußnote übersehen wird und ein Unglücksvogel dann am Anleger der am Horizont davonsegelnden Fähre leidvoll hinterdreinblickt. Auch die Destinationsschilder am Terminal seien prüfend ins Auge gefasst. Hier geschieht es ebenso oft, dass jemand auf der falschen Fähre landet und sich irgendwo anders statt in Wittdün wiederfindet. Alles kein Malheur, solange es sich nicht um die letzte Tagesfähre handelt. Dann aber sieht die Sache schon ärgerlicher aus.

Die **Fahrpreise** der W.D.R. scheinen geheime Kommandosache zu sein, denn in gedrucktem Amrum-Material tauchen sie nirgendwo auf, vielleicht um in Last Minute noch eins draufzusatteln. Auf der nächsten Seite stehen die Preise für das Jahr 2016:

Preise

Fährpreise in € ab	Dagebüll	Schlüttsiel
Personen		
– Einfache Fahrt (Erw.)	12,30	13,00
– Hin- u. Rückfahrt (Erw.)	19,60	20,80
– Einfache Fahrt (Kinder 4–11 J.)	6,15	6,50
– Hin- u. Rückfahrt (Kinder 4–11 J.)	9,80	10,40
– Hunde reisen gratis.		
Fahrzeuge		
– Fahrrad (Rückfahrt)	7,60	8,00
– Autos: siehe bei „Auto auf der Fähre"		

Die **Fahrtzeit** von Dagebüll nach Wittdün beträgt etwa 90 Minuten, bei einem Zwischenstopp in Wyk 120 Minuten. Gepäck: Siehe unter „Auto".

Man verkneife sich an Bord das **Rauchen,** denn die Fähren sind **rauchfrei** („Nur der Schornstein darf qualmen."). Daran sollte man sich schon allein aus Rücksicht auf die mitreisenden Nichtraucher auch halten. Übrigens sind durch die Gegend geschnickte Kippen an Bord hochgefährliche potenzielle Feuerauslöser.

Schildern, die das **Füttern von Möwen** verbieten, leiste man tunlichst Folge. Nicht nur geben die vollgefressenen Vögel voluminös wieder etwas von sich, das die Kleidung übel verkleistert und den Getroffenen als Lachsack dastehen lässt. Sie verlieren durch die Fütterungen auch ihre natürlichen Ernährungsinstinkte; man tut ihnen mit dem Toastbrot also nichts Gutes, sondern schadet nur der Überlebenskraft.

Vor der bösen **Seekrankheit** braucht man sich auf den Fähren wie einst, als ein Matrose nach der Überfahrt speziell einen Schnaps „für Cotze aufwischen" erhielt, nicht mehr zu fürchten. Zum ei-

003am rh

nen sind die Fähren heute tonnageträchtig, ganz schöne Brummis. Zum anderen werden die befahrenen Gewässer durch die vorgelagerten Inseln und Watten hinreichend vor hohem Seegang geschützt, und wenn es einmal ganz dick kommt, verkehren die Schiffe ohnehin nicht mehr.

Kurz vor Wittdün gibt es bei **Niedrigwasser** übrigens manchmal einen leichten Rums, und die Fähre gerät etwas ins Schwanken. Grundberührung! Das Schiff schiebt sich dort aber nur über butterweichen Sand – absolut ungefährlich.

Gepäckdienst

Gepäckstücke aller Art bis zu einem Gewicht von 31,5 kg werden durch den **Amrum Gepäck Service** (Tel. 0174-3248002) aus ganz Deutschland nach Aufgabe bei der Post oder mit DHL dem Amrumer Domizil zugestellt bzw. dort abgeholt. Hin und zurück kostet das 38 € (dafür erhält man schon einen ganz anständigen Koffer).

Anreise mit dem Auto

Bis Dagebüll

Aus Richtung Süden (Hamburg, via Heide und Husum) führen die A 23 und B 5 nach Dagebüll, beides relativ staufreie Straßen. Gäste aus dem Raum Stuttgart, Dortmund und Frankfurt können mit dem **Autozug** der Bahn bequem bis nach Niebüll gelangen. Von dort sind es nur noch wenige Kilometer nach Dagebüll, Fähranleger.

Parken in Dagebüll

Auf dem Parkplatz (Tel. 04667-255, www.inselparkplatz-dagebuell.de), der von allen Richtungen **ausgeschildert** ist, kann man sein Fahrzeug sturmflutsicher abstellen und es gibt einen kostenlosen Shuttlebus direkt zum Fähranleger. Die Kosten betragen je nach Dauer 3–6,50 € pro Tag, 12. bis 30. Tag kostenlos. Der Zuschlag für einen Garagenplatz liegt bei 2 € pro Tag. Wer sich diesen Posten sparen möchte und das Auto auf der Seeseite parkt, kann die böse Überraschung erleben, dass ihm das Gefährt bei Sturmflut (die auch im Hochsommer nie gänzlich auszuschließen ist) auf halbem Wege zur Insel entgegenschwimmt. Falls es noch schwimmt, natürlich …

Für die Parkplätze und Garagen ist **keine Reservierung nötig.**

Mit dem Auto auf die Insel?

Aus gegebenem Anlass verweisen die Inselverwaltungen wiederholt pointiert darauf, dass man das Automobil **auf dem Festland stehen lassen** sollte. Zwar ist Amrum nicht offiziell autofrei, und die Reederei W.D.R. freut sich, wenn sie die Fahrzeuge kostenträchtig transportieren darf. Doch man denkt bereits laut darüber nach, den Autoverkehr drastisch einzuschränken.

[<] Schier endloser Strand

005am rh

Bis dahin bittet man Inselreisende, die unbedingt ihr geliebtes Blech mitnehmen möchten, das Auto lediglich als „rollenden Koffer“ zu benutzen und für die Dauer des Amrum-Aufenthalts **im Inseldomizil ruhen zu lassen.** Zumal es auf Amrum gerade mal zehn Kilometer Autostraßen gibt, dafür aber einen sehr funktionellen Busdienst, mit dem sich fast jede Ecke der Insel erreichen lässt. Und vielleicht kann man sich, was ja auch der Sinn eines „Kurlaubs“ ist, einmal wieder auf die eigenen Kräfte besinnen und sich zu Fuß fortbewegen.

Amrum hat sogar sein eigenes Auto

Auto auf der Fähre

Die **Reservierung** des Fahrzeugs muss rechtzeitig getätigt werden, wofür man im Sommer vorsichtshalber ein paar Wochen, für Wochenenden in der Hauptsaison besser sogar ein paar Monate ansetzen sollte. Die W.D.R. erreicht man dazu über die auf S. 10 verzeichneten Kommunikationswege.

Das **Ticket** für die Fähre erhält man am Schalter in Dagebüll bzw. Schlüttsiel. Dazu ist der Kfz-Schein vorzulegen. Man achte darauf, dass das Auto mindestens 30 Minuten vor der fahrplanmäßigen **Abfahrt des Schiffes** am Kai steht; andernfalls erlischt die Reservierung.

Der **Preis** für den Autotransport (umfasst immer Hin- und Rückfahrt) hängt von der Länge des jeweiligen Fahrzeugs ab. Unter www.faehre.de erhält man im Internet die Preisinfo, ab Schlüttsiel ist es eine Kleinigkeit billiger.

Fahrradträger am Heck des Autos kosten 9 € extra.

Anreise mit der Bahn

Bei der Deutschen Bahn und auf www.amrum.de ist ein DB-Info-Flyer „Zügig nach Amrum und Föhr" erhältlich.

Bis Dagebüll

Aus Richtung Regensburg, Nürnberg, Dortmund, Berlin und Dresden kann man **im Sommer per IC** bis nach Dagebüll-Mole durchfahren. Zu anderen Zeiten muss man in Niebüll umsteigen, denn der Zug düst nach kurzem Stopp in Niebüll nach Westerland weiter.

Umsteigen in Niebüll

Wer in Niebüll aussteigt, wechselt über in ein Züglein der NEG, auch Marsch- oder **Friesenbahn** genannt. Damit wird man bis zum Schiff transportiert. Der Fahrplan ist den Fährzeiten angepasst, allerdings nicht immer. Aber auch wenn diese Bummelbahn so gemächlich durch die Marsch tuckert, dass man während der Fahrt Blumen pflücken könnte – das Schiff fährt einem nicht weg! Und man kann sich schon mal auf das bevorstehende insulare Lebenstempo einstimmen.

Falls der Friesenzug nicht am Niebüller Bahnhof steht (weil ihm vielleicht gerade der IC-Kurswagen angehängt wird), findet man ihn gleich nebenan am Terminal nach Dagebüll unterhalb des großen Silos. Dort ist auch ein **Fahrkartenschalter** der NEG. Fast alle Spezialbillets der DB (wie das Wochenendticket, Schülerkarten, usw.) sind auf diesem Zug gültig. In Dagebüll fährt der Zug dann bis auf den Anleger. Dort steht er auch für die Rückfahrt bereit, Tickets gibt's beim Schaffner.

Umsteigen in Husum

Wer **von Nordstrand oder Schlüttsiel** nach Amrum fahren will, steigt am Husumer Bahnhof in einen **Anschlussbus.** Auch diese Fahrpläne, einschließlich der Fährzeiten, lassen sich bei der Deutschen Bahn einsehen.

Amrums Kampf gegen Rotorflügel

Vor vielen Jahren wollte jemand, der den gleichen Wichtigkeitsstatus wie der Bundespräsident beanspruchte, per **Hubschrauber** auf Amrum landen. Dazu muss die Erlaubnis der Inselbehörden eingeholt werden, und die wurde unter Berufung auf einen bestehenden Beschluss nicht erteilt. Es folgte eine heftige Schimpfkanonade und wenig später ein Drohbrief, der sich auf eine vom Verkehrsministerium ausgestellte pauschale Landeerlaubnis für das ganze Bundesgebiet berief und rechtliche Konsequenzen in Aussicht stellte. Tatsächlich darf jemand im Besitz eines solchen Papiers bei Verweigerung einer gemeindlichen Erlaubnis auch auf privater Scholle landen – vorausgesetzt, deren Eigentümer ist damit einverstanden. Die Lärm- und Dreckbelästigung anderer Menschen spielt dabei wie üblich keine Rolle.

Ein eilends einberufener Inselthing hielt am „Njet" fest. **„Wehret den Anfängen!"** hieß es einmütig, und: „Wir lassen uns nicht erpressen!" Kein Insulaner war auch bereit, „für ein paar Silberlinge seine private Fenne an die Flugfirmen abzutreten". (Der hätte auch gleich mit gepackten Koffern mit ausfliegen können.) „Wenn ich eine neue Haustür einbauen will", stellte ein Lokalpolitiker ergrimmt fest, „muss ich komplizierte Genehmigungsverfahren durchlaufen, aber ein kommerzielles Hubschrauberunternehmen darf mit Bonner Segen anscheinend alles tun." Die unbeugsame Haltung der Asterixe zahlte sich aus; die „Konsequenzen" verliefen im Sande. Also bleibt es auf Amrum beim ruhigen Status quo. Gut gemacht, Don Quijote!

Anreise mit dem Flugzeug

Geht nicht. Amrum hat gar **keinen Flugplatz,** und nach dem Willen der Insulaner soll es auf immer und ewig auch dabei bleiben – die Königin verabscheut eben Lärm. Es gibt nur einen Hubschrauberlandeplatz (auf dem Sportfeld in Nebel), und der ist lediglich Notfällen, Katastropheneinsätzen und Suchmissionen vorbehalten. Die einzige Ausnahme sind Besuche des Bundespräsidenten oder der Bundeskanzlerin, was selten genug vorkommt.

Anreise mit dem eigenen Boot

Sportboothafen

Amrums Sportboothafen befindet sich in ruhiger **Lage** unmittelbar südlich des Tonnenhofs. Das Zentrum von Wittdün ist von hier aus einen knappen Kilometer entfernt.

Der Fähranleger in Wittdün darf nicht von Sportbooten in Anspruch genommen werden.

007am rh

Das Bassin weist **50 Liegeplätze** an zwei langen Stegen auf, mit Heckpfählen zum Vermuhren. Die Südseite des Nordstegs wird gewöhnlich von einheimischen Booten belegt. Gastlieger bis zu 11 m Länge benutzen vorzugsweise den Südsteg, dürfen aber nur an einem Pfahl festmachen, um Nebenliegern nicht den Weg in die Nachbarbox zu versperren. Direkt unterhalb der Südseite des Südstegs beginnt hohes Watt; dort können nur sehr flachgehende Boote liegen. Jachten ab 11 m gehen an der Nordseite des Nordstegs im Päckchen bis zu maximal drei längsseits.

Maße: MTH 2,70 m, Wassertiefe 0,50–1 m über weichem Schlick, mind. 2 m Wasser (bei NW) im Zufahrtspriel. Nächste Tankstelle in Nebel (Richtung Leuchtturm). Der Anleger Steenodde hat eine Kleinbootreede, fällt jedoch ca. 1,50 m trocken.

Dicht am Bootshafen ist das **Clubhaus** mit Restaurant, WCs, Duschen und Waschgelegenheiten. Dort wird auch das **Liegegeld** entrichtet (ab 1 € pro m/Tag).

■ **Information:** Tel. 04682-2054, www.amrumeryachtclub.de

⌃ Im Jachthafen ist viel Platz

Anreise zu Fuß

Von Föhr

Jawohl, auch das ist möglich. Von Dunsum an der Westküste von Föhr finden regelmäßig **Wattwanderungen zur Amrumer Odde** statt. Ungefähr 8 km ist die Strecke lang und nicht ganz ungefährlich, weshalb man sich ausschließlich einem offiziellen Wattführer anvertrauen sollte. Selbiger wird auf Föhr durch die Reederei W.D.R. (Tel. 04681-80147) organisiert.

Natürlich kann man auch von Amrum nach Föhr hinüberwandern. Näheres dazu unter „Führungen" im Kapitel „Insel-Info A–Z".

Anreise mit dem LKW

Übers Eis

Im knallharten **Winter von 1946 auf 1947** ging das tatsächlich mal. Das Watt und die Wasserstraßen waren so dick zugefroren, dass Lastkraftwagen sich fast problemlos über das Eis bewegen konnten. *Mussten* wäre richtiger, denn Schiffe liefen natürlich längst nicht mehr. Die Inseln waren auf Versorgung durch LKW angewiesen, und einige Tage klappte das auch ganz gut. Im Dezember 1962 wäre es fast zu einer Wiederholung gekommen, so kalt war es. Heute sind solche Touren im Zeichen der allgemeinen Klimaerwärmung wohl nicht mehr machbar – aber die Vorstellung allein, per LKW über arktische Gefilde zu rollen, ist recht reizvoll.

Unterkunft buchen

Gastgeberverzeichnis

Um sich eine Bleibe auszusuchen, fordere man diese Liste an, die alle Betten auf Amrum getreulich aufzählt. Die dafür zuständige Anschrift ist wie folgt:

- **AmrumTouristik,** 25946 Wittdün auf Amrum, Tel. 04682-94030, www.amrum.de; Zimmernachweis/Kataloge/Informationen (auch W.D.R.): Tel. 04682-94030.
- **Amrum Reservierungsdienst,** Tel. 04682-94640, Fax 946424, www.amrum-reservierung.de.

Der Liste liegt eine Zahlungsaufforderung bei; die Zahlung ist freiwillig; da es sich jedoch um einen realen Service handelt, sollte man sie auch leisten. In dem Katalogwerk kann man nunmehr in aller Ruhe blättern und Bilder der meisten Herbergen betrachten. Alternativ kann man sich das Verzeichnis online anschauen oder als PDF-Dateidownloaden (unter www.amrum.de, auf „Katalog blättern" klicken). Mehr zu diesem Thema findet man im Kapitel „Insel-Info A–Z" im Abschnitt „Unterkunft".

Vermieter

Hat man sich für ein Domizil seiner Wahl entschieden, setzt man sich mit dem Vermieter in Verbindung, zunächst telefonisch (eine schriftliche Bestätigung folgt bei Vereinbarung). Bei dem Gespräch sollten **Themen wie Kinder,**

Hunde und Rauchen zur Erwähnung kommen, sofern sie nicht schon im Verzeichnis aufgelistet waren. Raucher werden immer weniger gern gesehen; viele Vermieter lehnen sie rundweg ab. Auch über den **Preis** sollte man noch einmal sprechen, damit es insofern nicht zu unliebsamen Missverständnissen kommt (s.u.). Und wenn der Vermieter den Gast, sofern er nicht im eigenen Auto anreist, vielleicht vom Hafen abholen könnte, so wäre das doch ein netter Zug …

Zuvorkommenheit wird groß geschrieben auf Amrum. Wieder. Bis vor einigen Jahren war das Verhältnis zwischen Mietern und Vermietern nämlich immer kühler geworden. Das Geschäft lief von selbst; die Leute kamen, ohne dass man nett zu ihnen sein musste. Zuletzt wurde auf der Insel sogar gefrotzelt, die verehrten Gäste mögen doch nur ihre Geldkatze am Anleger in Dagebüll abliefern – selber brauchten sie gar nicht mehr zu kommen, sie störten nur.

Die Unfreundlichkeit zeigte Wirkung. Die Gäste blieben aus, zuletzt in derart fühlbarem Maße, dass sich die Amrumer Kurverwaltungen bemüßigt sahen, ihren Wirten und Wirtinnen mit Seminaren in elementarem Knigge zivilen Umgang mit Besuchern beizubringen. Diese Bemühungen waren von Einsicht und Erfolg gekrönt, und seither ist wieder alles eitel Freud und Sonnenschein.

Preise

Die neue Nettigkeit schließt das Preisniveau mit ein. Amrum gehört generell zum **preislichen Mittelfeld des Nordseebereichs** und verspricht dies für die nahe Zukunft auch zu bleiben. Außerdem wird das eine oder andere Schnäppchen angeboten. Schon für 18 € findet sich etwas. Darüber kann man nicht meckern. Zwar liegen Toilette und Badestube dann vielleicht eine Etage tiefer, aber es muss ja nicht immer alles wie daheim sein.

Preise müssen heutzutage klipp und klar angegeben werden, ohne Wenn und Aber und ohne verborgene Pöstchen. Auch die Endreinigung ist bereits im Preis enthalten, sofern die Inanspruchnahme dieser Leistung nicht freigestellt ist. Besser vor der Buchung nachfragen!

Üblich sind **Mindestbelegungen** von mehreren Tagen, bei Ferienwohnungen spricht man von Wochen. Wer kürzere Zeit bleiben möchte, muss einen Aufschlag zahlen, was nur recht und (nicht) billig ist. In der Hochsaison kann man, mit der möglichen Ausnahme von Hotels, aber kaum damit rechnen, dass man als Kurzzeitler aufgenommen wird.

An- und Abreise zählen bei der **Abrechnung** als ein Tag. Bei längerem Verbleib ist es normal, Rechnungen wöchentlich zu begleichen – aber daran wird einen die Wirtin schon erinnern. Und nicht nur dann: Der Autor reiste als Backpacker mit verbeulter Kamerabox und exotischer Ehefrau an, worauf sogar eine Vorauszahlung fällig wurde. Manche Amrumer Vermieter sind auf Rollenkoffer und Sachbearbeiterlook geeicht!

Angaben im Buch

Die im Kapitel „Insel-Info A–Z/Unterkunft" aufgeführten **Hotels** verlangen in der Hochsaison allesamt mehr als 100 € für ein Doppelzimmer (DZ).

Die namentlich erwähnten Beherbergungsbetriebe sind alphabetisch aufgelistet; die **Reihenfolge der Unterkünfte** unterliegt keiner wie immer gearteten Wertung.

Amrums Spezialität: Herrliche Wolken

Gastaufnahmevertrag

So nennt sich die Vereinbarung zwischen Mieter und Vermieter, die eine gesetzliche Grundlage schafft. Sie klingt schrecklich legalistisch, wird in der Praxis aber meist recht locker gehandhabt. Jedenfalls seitens der prospektiven Mieter. Die bestellen nämlich lustig drauflos, melden sich dann aber nicht mehr oder schieben einen piefigen Grund für eine **Stornierung** vor („regnet"). Fair ist das nicht. In den meisten Fällen finden die

008am rh

Vermieter eine Ersatzbelegung, wenn auch manchmal erst „Last Minute“. Deshalb machen sie oft zähneknirschend gute Miene zum bösen Spiel, obwohl sich die Paragrafen, namentlich Nr. 4, recht unmissverständlich zur Sache äußern:

1) Der Gastaufnahmevertrag ist abgeschlossen, sobald das Zimmer oder die gemietete Wohneinheit (Unterkunftsart) bestellt und zugesagt oder – falls eine Zusage aus Zeitgründen nicht mehr möglich war – bereitgestellt worden ist.

2) Der Abschluss des Gastaufnahmevertrages verpflichtet die Vertragspartner zur Erfüllung, gleichgültig, auf welche Dauer der Vertrag abgeschlossen ist. Sofern nicht anders vereinbart, beginnt die Mietdauer am Anreisetag um 17 Uhr.

3) Der Gastgeber ist verpflichtet, bei Nichtbereitstellung der Unterkunft dem Gast Schadenersatz zu leisten.

4) Für Gastaufnahmeverträge gelten die Bestimmungen des Mietrechts des Bürgerlichen Gesetzbuches. Nach §552 BGB wird der Mieter nicht dadurch von der Entrichtung des vereinbarten Mietzinses befreit, wenn er aus in seiner Person liegenden Gründen von der Mietsache keinen Gebrauch macht. Persönliche Gründe, die im Lebensbereich des Gastes liegen, wie z.B. Urlaubssperre, Krankheit, Tod usw. oder solche, die der Gastwirt bzw. Vermieter nicht zu vertreten hat, wie z.B. schlechtes Wetter. Abbestellfristen für gemietete Hotelzimmer, Appartements, Wohnungen oder andere Unterkünfte sieht der Gesetzgeber nicht vor.

5) Der Gastwirt/Vermieter ist gehalten, bei Nichtinanspruchnahme der vertraglichen Leistungen das betreffende Zimmer oder die sonstige Unterkunft nach Möglichkeit anderweitig zu vermieten.

6) Der Gastwirt bzw. Vermieter ist gehalten, die ersparten Aufwendungen, wie z.B. Bettwäsche, abzusetzen. In der Rechtsprechung haben sich hierfür folgende Erfahrungssätze als Durchschnittswerte ergeben: Übernachtung 20%, Übernachtung/Frühstück 20%, Halbpension 30%, Vollpension 40%.

7) Erfüllungsort ist der jeweilige Sitz des Beherbergungsbetriebes. Gerichtsstand ist das Amtsgericht Niebüll, bei höheren Streitigkeiten das Landgericht in Flensburg.

Kur und Kurabgabe

Kursystem

„Der Kuraufenthalt spielt in der **Prävention** und in der **Rehabilitation** eine immer wichtigere gesundheitsfördernde und gesundheitserhaltende Rolle“, heißt es im amtlichen Amrumer Text. „Die Kur bietet Geist und Körper Erholung, fördert die Eigenverantwortung und leistet Hilfe zur Selbsthilfe.“

Dieserart ist recht anschaulich umschrieben, dass auf Grund der Kurbedürftigkeit des deutschen Kursystems dem Patienten mehr **Eigenleistung** denn je abgefordert wird. Die (bitter benötigte) erste Gesundheitsreform vor ein paar Jahren beschnitt gerade die Kurpackung fühlbar und verwies die Kurbedürftigen in vielerlei Hinsicht auf die eigene Tasche. Außerdem führte die schlechte Arbeitsmarktlage vor einigen Jahren dazu, dass die Kur immer weniger in Anspruch genommen wird im Vergleich zu früheren Zeiten. Die Kur ist also längst nicht mehr, was sie mal war. Summa summarum sind bei Eintritt in die 2000er Jahre folgende **Kurformen** erhalten geblieben (Änderungen sind vorbehalten):

- **Rezeptaufenthalt:** Der behandelnde Arzt verschreibt seinem Patienten – je nach Indikation – Kurmittel auf Rezept. Der Patient verbringt seinen Aufenthalt auf der Insel als Selbstzahler, lediglich die Heilmittel werden zu kassenüblichen Sätzen übernommen.
- **Aufenthalt mit Badearztschein:** Der Patient verbringt seinen Aufenthalt auf Amrum, nachdem er von seiner Krankenkasse einen Badearztschein erhalten hat. Der Badearzt vor Ort verordnet die Anwendungen, die von der Krankenkasse übernommen werden. Weitere Leistungen werden nicht erstattet.

006am rh

› Am Tonnenhof

■ **Ambulante Vorsorge- und Reha-Kur:** Diese werden von den zuständigen Krankenkassen/Beihilfestellen genehmigt und bezahlt (4-Jahres-Frist). Die Dauer beträgt mindestens 3 Wochen. In der Regel werden die badeärztlichen Leistungen zu 100% übernommen, Heilmittel abzüglich der gesetzlichen Zuzahlung sowie Zuschüsse zu Unterkunft und Verpflegung gezahlt.

Heilanzeigen für Amrum sind: Haut- (Schuppenflechte, Ekzeme) und Atemwegserkrankungen (Asthma bronchiale), Gelenk- und Wirbelsäulenleiden, niedriger Blutdruck und Kreislauflabilität.

Kurabgabe

In den 1990er Jahren sah es eine Zeitlang so aus, als sollte die wenig verfassungskonform erscheinende **Kurabgabe in Deutschland** abgeschafft werden. Auch amtlicherseits mehrten sich die Stimmen, die dafür plädierten.

Auf Amrum protestierten 1992 die **Vermieter** gegen das System, weil es ihnen einen nervigen Kassiererposten zuwies und weil sie die Kurabgabe für viel zu hoch hielten. So wurde die Abgabe

009am rh

Die Zahlung ist nicht davon abhängig, ob und in welchem Umfang die Kureinrichtungen und Veranstaltungen in Anspruch genommen werden, sondern wird lediglich durch die Anwesenheit begründet. An- und Abreisetag zählen für die Berechnung der Kurabgaben zusammen als ein Tag. Als Nachweis für die Zahlung erhält der Gast die **Gastkarte,** ein Wertpapier mit vielen Vorteilen …" In der Tat gibt's beim Vorzeigen der Gastkarte zahlreiche **Preisvergünstigungen,** die wohl dazu geführt haben, dass die meisten Besucher brav ihre Kurabgabe zahlen.

Man hatte nämlich geplant, ein **Chipkartensystem** nach dem Muster einiger ostfriesischer Inseln einzuführen und sich dort auch kundig gemacht, wie die Sache funktioniert. Doch dann kam man daraufhin (in Wittdün) um 40% heraufgesetzt, und es ist seither dabei geblieben. Auch das Einsammeln der Kurabgabe obliegt weiterhin den Vermietern.

Widerstand ist nutzlos, denn die entsprechende **Vorschrift** ist gesetzlich einbetoniert. Ihr Wortlaut reflektiert präzise die Einwände, die im Lauf der Zeit gegen sie vorgebracht worden sind, und sie besagt im Einzelnen Folgendes:

„Jeder erwachsene Besucher, der sich auf der Insel Amrum aufhält, entrichtet für die Bereitstellung und Unterhaltung der für Kurzwecke geschaffenen Einrichtungen eine Vergütung (Kurabgabe) nach der jeweils geltenden Satzung.

010am rh

Jung gebliebene Lady in Süddorf (009am rh)

davon ab, und das Thema ist jetzt vom Tisch. Erstens erwies es sich, dass die meisten Kurgäste auf Amrum (im Gegensatz zu anderen Nordseebädern) ihre Kurabgabe, wie gesagt, korrekt entrichteten und dass eine weitere Kontrollinstanz deshalb überflüssig war. (Ganz bestimmt wird man auf Amrum keine „Controller" einsetzen, die wie in manchen anderen deutschen Kurorten das geordnete Abkassieren der Kurabgabe überprüfen.) Und zweitens ließ sich absehen, dass die teilnehmenden Parteien (W.D.R., Föhr, Amrums drei Gemeinden) kaum unter einen Hut zu bringen waren. (Vielleicht gibt's irgendwann mal eine „ReedereiCard".) Und letztlich erkannte man, dass die Elektronik viel Geld kosten würde. Der größte Teil dieser Ausgaben hätte notwendigerweise auf die Kurgäste abgewälzt werden müssen. Da wäre es in Sachen Kurabgabe dann zu mehr Stunk denn je gekommen.

Bei Drucklegung dieses Buches war die **Höhe der Kurabgabe** auf Amrum wie folgt (pro Erwachsener pro Tag):

1.1.–28.2.	1,30 €
1.3.–31.10.	2,60 €
1.11.–31.12.	1,30 €

Kinder bis zum vollendeten 18. Lebensjahr sind von der Kurabgabe befreit. Vorausgesetzt wird dabei die Begleitung eines Erziehungsberechtigten.

Der braucht keine Kurtaxe zu zahlen!

021am rh

3 Insel-Info A–Z

Einsam gelegenes Körbchen

Adressen

- **PLZ:** 25946 (ganz Amrum, plus einige Postfach-PLZ).
- **Vorwahl:** 04682 (inselweit).
- Informationen über die ganze Insel und das Gastgeberverzeichnis (auch für Nebel und Norddorf) gibt es von **AmrumTouristik,** 25946 Wittdün, Tel. 94030, www.amrum.de, Mo–Fr 8.30–17.30 Uhr, Sa/So 9–17.30 Uhr. Das Büro befindet sich im Wyker Dampfschiffs-Reedereigebäude am Anleger. In Nebel und Norddorf gibt es ebenfalls Büros, s.u.

Wichtige inselweite Telefonnummern

- **Polizei:** 04682-96440.
- **Europanotruf für Feuerwehr, Krankenwagen, Polizei:** 112.
- **Seenotruf:** 0421-536870, 124124.
- **Fährauskunft:** 04667-94030.
- **Taxi:** 0171-3287237.

Wittdün

- **Nordseehalle:** Mittelstr. 24 mit dem Kinderspielplatz „Schatzkiste", naturkundlichem Infozentrum, Fundbüro. Angeschlossen ist der **Reservierungsdienst GmbH:** Postfach 1320, 25942 Wittdün, Tel. 94640, www.amrum-reservierung.de.
- **Thalassozentrum:** Tel. 943432.
- **AmrumBadeland:** tägl. 10–18 Uhr, Tel. 943431.
- **Arzt:** *Dr. Hanne-Lore Kerler,* Mittelstr. 39, Tel. 531, Mo–Fr 8–11 und 17–19 Uhr, Sa 8–11 Uhr.
- **Zahnarzt:** *H. Drews,* Möwenweg 8, Tel. 2288.
- **Apotheke:** Inselstr. 19, Tel. 1550.

Mahnmal aus Wrackteilen

Nebel

- **Amtsverwaltung:** Strunwai 5, Tel. 94110. Fundbüro.
- **AmrumTouristik:** Meerkwai 1a, 25947 Nebel, Tel. 94300, Mo–Fr 9–17 Uhr, Sa 10–12 Uhr, **Haus des Gastes,** Lesezimmer, Konzert- und Veranstaltungsraum, kleiner Kurpark, Zimmernachweis.
- **Ärzte:** *Claudia Derichs,* Waasterstigh 36, Tel. 9614999.
- **Zahnarzt:** *J. Jahn,* Smäswai 4, Tel. 9614474.

Norddorf

- **AmrumTouristik:** Ual Saarepswai 7, Tel. 94700, Mo–Fr 9–17 Uhr, Sa 10–12 Uhr. Auskünfte, Bücherei, Lesezimmer, Fundbüro, Zimmernachweis.
- **Apotheke:** Lunstruat 7, Tel. 995543.
- **Arzt:** *Dr. B. Breymann,* Dünemwai 21, Tel. 1010. Es empfiehlt sich ein vorheriger Anruf.

Einkaufen

Vier Euro für ein Fischbrötchen, das muss nicht sein. In den insularen Märkten – in jedem Ort gibt es mindestens einen – kann man sich jedoch mit allem Nötigen eindecken, ohne dass das Budget überansprucht wird. Das **Preisniveau** unterscheidet sich um einige Prozentpunkte vom festländischen, und dies gilt vor allem für Einzelhändler wie Fischgeschäfte und Bäckereien. Wer Garnelen nicht selbst „auspuhlen" will, muss kräftig dafür löhnen, denn die schmackhaften Tierchen werden zum Teil bis nach Marokko gekarrt, um die Handarbeit dort vornehmen zu lassen.

PALLAS

Und wer nur Restaurants aufsucht, wird natürlich etwas mehr anlegen müssen als Heimköche und -köchinnen (siehe auch unter „Gastronomie“).

Die **Öffnungszeiten** der Einzelhandelsgeschäfte sind wie folgt: Mo–Fr 8–12 Uhr (auch Sa) und 14.30–18 Uhr. In der Hochsaison werden die Zeiten mitunter verlängert, und auch an manchen Sonntagen ist dann geöffnet.

Fortbewegung

Zu Fuß

Im Gegensatz zu Wanderungen (siehe „Sport“), die etwas längere Distanzen beinhalten, setzen alltägliche Gänge nur den einen oder anderen Kilometer vo-

raus und lassen sich leicht bewältigen. Innerhalb der drei Hauptorte liegt alles in nächster Nähe beieinander, und gleich dahinter beginnt schon die Natur. Das Erreichen des Kniepsandes, namentlich der Wasserlinie, schließt zumeist etwas längere Entfernungen ein. Doch auch hier handelt es sich lediglich um **Spaziergänge,** die das Angenehme mit dem Nützlichen verbinden und den Urlaub zu dem machen, was er eigentlich sein sollte: zum Kurlaub. Für alle Fußbewegungen ist auf Amrum übrigens auf Barrierefreiheit geachtet worden, und das System wird ständig weiter ausgebaut.

022am rh

Per Fahrrad

Der Drahtesel ist zweifellos das beliebteste und am meisten in Anspruch genommene Verkehrsmittel auf Amrum. Es kommt in allen **Erscheinungsformen** vor wie auch seine „Betreiber". Manche setzen sich einfach, so wie sie sind, auf den Bock und fahren los. Andere legen schimmernde Helmzier und schwere Rüstung an, ein Aufwand, der angesichts der biederen Wegstrecken etwas überzogen erscheint (bei 95 % aller Fahrradunfälle in Deutschland sind Autos involviert, auf Amrums Radwegen gibt es keine).

Ein **ausgedehntes Radwegenetz** (siehe Übersichtskarte in der hinteren Umschlagklappe) ermöglicht die mühelose Erschließung der Insel von einem Ende zum anderen – allerdings strikt **außerhalb der Strände.** Selbige sind für das Fahrrad tabu. Nicht nur wollen Strandläufer nicht ständig Radfahrern ausweichen; mit berädertem Verkehr haben sie schon im Alltag genug zu tun. Sand und Seewasser sind auch Gift für die Zweiradmechanik. Die Verleiher unternehmen deshalb sporadische Patrouillen, um Zuwiderhandelnden die Meinung zu

[<] Radl-Parkplatz am Strand

2016-001 rh

geigen, und agieren auch schon mal konkurrenzüberschreitend. Das kann sogar zur „Sperrung" führen – dann muss man zu Fuß weiter.

Radler sollten auch die Autostraßen meiden. Siehe analoge Warnung unter „Wandern".

Fahrradverleiher gibt es fast an jeder Straßenecke. Die Kleinunternehmer zeigen sich allesamt gut gelaunt, offenbar auf Grund glänzend gehender Geschäfte, und sind höchst hilfsbereit. Wer eine Panne hat, kann bei jedem Verleiher damit vorsprechen und erhält ggf. sogar ein kostenloses Ersatzfahrrad. Die Preise für Fahrräder variieren zum Teil stark. Ein Vergleich lohnt sich daher.

Am besten geht's immer noch zu Fuß

Fahrradverleih

- **Marcs,** Am Fähranleger, Wittdün, Tel. 949077, www.marcsfahrradverleih.de
- **Raederei,** Am Fähranleger, Tel. 0160-97524566
- **Amrumer Radhaus,** Achtern Strand 14, Wittdün, Tel. 1314 oder 9688045
- **Fahrradverleih Nebel,** Uasterstigh 11, Tel. 0170-2949670
- **Süddorfer Fahrradverleih,** Waasterstigh 38a, Tel. 940940, www.amrum-fahrrad.de
- **Peters,** Ual Hööw 3, Steenodde, Tel. 665
- **Stefan's Fahrrad-Verleih,** bei der Post, Nebel, Tel. 96262, www.stefansfahrradverleih.de
- **Norddorfer Fahrradverleih,** Lunstruat 9, Norddorf, Tel. 0151-20140605
- **Gerädert,** Nei Stich 7, Norddorf, Tel. 554
- **Amrumer Fahrradcenter,** Lunstruat 3, Norddorf, Tel. 96271, www.amrumer-fahrradcenter.de

Per Pferd

Siehe „Sport/Reiten".

Mit dem Auto

Wie angenehm ein Aufenthalt auf Amrum **ohne Auto** sein kann, kam schon wiederholt zur Sprache. Mal Urlaub vom Mobil machen, mit dem man sich sonst jeden Tag herumschlagen muss. Mal nicht mehr Chauffeur und Tankwart sein. Viele Touristen, sofern nicht stark behindert, sehen dies auch ein.

Weniger die **Einheimischen.** Immer wieder sieht man Autos mit dem Kennzeichen NF (= Nordfriesland) gesperrte Strecken entlangbrettern – der Feldweg zwischen Nebel und Norddorf scheint insofern besonders beliebt zu sein –, Tempobeschränkungen missachten und lustig im Halteverbot parken. Alles anscheinend nach dem Motto: „Das gilt nicht für uns!“ An Unfällen, kein Mangel an ihnen (siehe „Wandern“), sind vorwiegend Insulaner beteiligt. Nicht, dass die Einheimischen die Sau rauslassen, weil die Verkehrspolizei ihnen gegenüber spezielle Milde walten ließe. Es wird mit Erfolg „geblitzt“ und fleißig auf Alkohol kontrolliert. Doch der Sheriff kann selbst auf dem kleinen Eiland nicht überall gleichzeitig sein.

Jenseits der schlappen zehn Kilometer Landstraße fällt besonders auf, wie **stark zugeparkt die Orte** sind. Im historischen Zentrum des Friesendörfchens Nebel putzen Passanten unentwegt mit ihren Hosenböden Kühlerhauben; selbst hartnäckige Motorfreaks können sich des Eindrucks nicht erwehren, dass die vielen Autos dort nicht hingehören.

1998 gaben die Amrumer eine Verkehrsstudie in Auftrag, um **Entmotorisierungspläne** ins Auge zu fassen. Ein richtiger Professor namens *H. J. Collin* nahm sich dankenswerterweise dieser Aufgabe an. „Die wenigsten Probleme erzeugen die Autos, die erst gar nicht auf die Insel kommen – die zweitwenigsten die, die auf der Insel nicht bewegt werden“, eröffnete er 40 staunenden Zuhörern. Und: „Wohnortnahe Haltestellen und geringe Wartezeiten sind Voraussetzungen für eine höhere Akzeptanz öffentlicher Verkehrsmittel.“ Der Vorschlag des Professors, Wittdün zur verkehrsberuhigten Zone zu erklären, rief Gelächter hervor. „Verkehrsberuhigt ist Wittdün heute schon“, wandte man ein. „Wenn eine Fähre kommt, geht nichts mehr.“ Aktenzeichen Ungelöst. Nach seinen Ausführungen reiste der Sachverständige ab und hinterließ den nicht mehr lachenden Amrumern eine Rechnung von damals 108.000 Mark, gut 55.000 €.

Tankstelle: An der Hauptstraße (Waasterstigh) nahe Leuchtturm.

Per E-Mobil

Ein putziger, batteriebetriebener Buggy ist zum Tagespreis von 39 € bei der Amrumer Touristik (Tel. 94030) zu mieten – eine saubere und bequeme Sache.

Per Bus

Von Mitte März bis Ende Oktober pendeln die Inselbusse **zwischen Wittdün-Anleger und Norddorf** von frühmorgens bis spätabends etwa im Halbstundentakt hin und her.

In Verbindung mit der Gastkarte wird eine **Fahrpreisvergünstigung** gewährt, jedoch nur für Tages- und Mehrfachtickets. Selbige erhält man in den Bussen.

Mit der Bahn zum Baden

Was – mit der Bahn? Das gab's tatsächlich mal. Als Wittdün 1889/90 entstand, erwies sich als Problem, dass die Badegäste an der relativ großen Distanz Anstoß nahmen, die sie zur Wasserlinie am Kniepsand zurückzulegen hatten. Man war damals halt noch viel fußfauler als heute. Da von der Konkurrenz Westerland auf Sylt, wo man nur ein paar Schritte zum Wasser hatte, Unheil drohte, verfiel die Wittdüner Badedirektion auf die Idee, eine Badeanlage am Spülsaum zu bauen und eine Bahnverbindung dorthin einzurichten. „Schnapsidee" ist korrekter. Denn die Linie wurde tatsächlich im **August 1894** in Betrieb genommen, und eine Dampflok schnaufte von Wittdün gut vier Kilometer über eine hochgelegene Pfahlkonstruktion an den Strand. Doch schon im darauffolgenden Winter muckte der Blanke Hans gegen die Zumutung auf und machte Kleinholz aus der Trasse; das Eisenross purzelte ins Wasser.

Es ist bemerkenswert, mit welch wütender Beharrlichkeit die Betreiber der **Kniepsandbahn** weiterhin Geld in das Unternehmen pumpten, bis es 1906 konkurs ging. Zwischenzeitlich hatten sich jedoch die Besitzverhältnisse geändert, und die neue Inselbahn fuhr jetzt nicht nur zur „Badeanlage", sondern durch ganz Amrum, von Wittdün bis Norddorf. Obwohl von Problemen wie Entgleisungen geplagt, weil kein Geld für die Streckenführung da war, hielt sich diese Linie immerhin bis Oktober 1939. Schon zuvor hatte der Ausbau der Straße von Wittdün nach Norddorf begonnen, gegen den sich die Amrumer lange gesträubt hatten, und alsbald übernahmen Busse die Rolle der Inselbahn. Nach dem Krieg kam dann das Auto, und zum Baden musste man, bis auf den heutigen Tag, wieder zu Fuß gehen.

Die heutige „Inselbahn" ist **gummibereift** und rollt auf der Straße von einem Ende Amrums zum anderen. Ab Wittdün (Anleger) fährt die Bahn (auch „Insel-Paul" genannt) von April bis Okt. tägl. 4x (11, 11.45, 12.45, 13.45 Uhr), ab Nebel (Hotel Friedrichs) Di, Do, Sa, So 15.30 Uhr und ab Norddorf (AmrumTouristik) Di, Do, Sa, So 15.45 Uhr. Erw. 7 €, Kinder 3,50 €.

031am rh

Per Inselbahn

Ab Wittdün (Anleger) fährt die Inselbahn täglich 3x, ab Nebel (Hotel Friedrichs) und Norddorf (AmrumTouristik) Details: siehe umseitigen Exkurs „Mit der Bahn zum Baden".

Per Taxi

Bis zum Jahr 1998 gab es zwei **Taxiunternehmen** auf Amrum, die in heftiger Fehde miteinander lagen; man sprach von einem „Taxikrieg". Nachdem nur eine Firma übrig geblieben war, wurden die Preise flugs nach oben monopolisiert. Gegen einen Protestler sprach man sogar ein „Taxiverbot" aus. Die Sache ist wieder eingerenkt. Teuer ist Taxifahren aber geblieben, teurer als auf dem Festland allemal. Denn auf Grund einer speziellen Inselverordnung darf die Anfahrt mit angerechnet werden, was den Preis natürlich kräftig erhöht. Am besten, man trifft vorab immer eine Preisvereinbarung, damit es keine Überraschungen gibt.

■ **Telefon Taxi:** 0171-3287237

Führungen und Rundfahrten

Einzelheiten zu diesem Gesamtkomplex werden jede Woche im Veranstaltungskalender **„Amrum aktuell"** bekannt gemacht. Die Verwaltungen und Reedereien stellen schon einiges auf die Beine, um ihre Gäste vor dem Inselkoller zu bewahren. Dafür eignet sich z. B. ein Besuch anderer Eilande, eine Seefahrt oder eine gemeinschaftliche Exkursion.

Schiffstouren

Die Schiffstouren beginnen alle am **Kai von Wittdün,** und zwar links neben der Fährbrücke. Die W.D.R. bietet von März bis Oktober Touren in Kooperation mit der Adler-Linie an (siehe Kasten nächste Seite).

Außerdem werden diverse Touren zu anderen Halligen sowie Busfahrten durch Nordfriesland und nach Dänemark (Tondern, Legoland) angeboten. Die o.g. Stellen geben Auskunft.

Überdies bietet **Kapitän Bandix Tadsen** aus Nebel (Tel. 2333, info@eilun.de) mit seinem MS „Eilun" von Frühjahr bis Herbst Ausflugsfahrten (s.u.) an (Fahrplan unter www.eilun.de).

■ **Info und Fahrkarten** für alle Touren: W.D.R. Wittdün oder W.D.R. Wyk, Servicenummern: 01805-080140 (bundesweit 14 Cent/Min.) und 01801-937937 (auf/von den Inseln und Halligen zum Ortstarif). Fahrkarten auch bei AmrumTouristik in allen drei Orten. Adler-Linie: Tel. 04651-9870888, www.adler-schiffe.de.

Schiffstouren

Sylt (Hörnum)
- Erwachsene 27,50 €
- Kinder (4–14 J.) 18,00 €
- Familie 71,50 €
  (Kinder bis 15 J.)

Helgoland
- Erwachsene 59,50 €
- Kinder 34,90 €
- Familie 153,90 €

Hallig Hooge
- Erwachsene 17,00 €
- Kinder 13,50 €
- Familie 51,50 €

Hallig Gröde (inkl. Führung)
- Erwachsene 19,50 €
- Kinder 14,50 €
- Familie 53,00 €

Wattenmeerfahrt
- Erwachsene 30,50 €
- Kinder 20,00 €
- Familie 78,00 €

Ausflüge mit MS „Eilun"

	Dauer (Std.)	Erwachsene	Kinder (4–14 J.)	Familie
Hallig Hooge	5¼	16,00 €	9,00 €	48,00 €
Krabbenfangfahrt	2	15,00 €	8,00 €	43,00 €
Seehundbänke	2	16,00 €	9,00 €	48,00 €
Fischmarkt Wyk	5	11,50 €	6,50 €	34,00 €

Inseltouren

■ Eine **Rundfahrt mit dem Doppeldeckerbus** vom Anleger durch die ganze Insel, einschließlich mehrerer Stopps bei Sehenswürdigkeiten, kostet 10 €/Person (4 € für Kinder im Alter von 4–11 J.). Info: Tel. 2229.

Naturkundliche Wanderungen

Die geführten Wanderungen mit den Naturschutzvereinen werden etwa von Mai bis Oktober durchgeführt. Sie sind kostenlos, eine Spende (um 2,50 €/Person) wird jedoch erwartet. Die Exkursionen dauern etwa 1½–3½ Stunden.

■ Der **Verein Jordsand** organisiert Führungen im Vogelschutzgebiet Odde tägl. 10 Uhr (außer Mo) ab Vogelwärterhaus. Anmeldungen: Tel. 2332, www.jordsand.de.

▷ Rast auf der Sandbank

■ Strand- und Dünenführungen, naturkundliche Wattführungen, archäologische und ornithologische Führungen – alles das steht im Programm des Heimatvereins **Öömrang Ferian** (Naturschutzverein für Amrum) in Norddorf. Info: Tel. 1635, www.naturzentrum-norddorf.de.

■ Die **Naturschutzgesellschaft** (Schutzstation Wattenmeer) im Info-Zentrum Wittdün bietet Dünen-, Spülsaum- und ornithologische Führungen, Salzwiesen- und Wattbegehungen. Info: Tel. 2718, www.schutzstation-wattenmeer.de.

Wattwanderungen

Das oben für die Vereine Gesagte gilt auch hier. Eine **Wattwanderung nach Föhr** (mit den genannten Führern) schließt die Busfahrt von Dunsum nach Wyk auf Föhr ein, jedoch nicht die Rückfahrt mit der Fähre. Der genaue Preis ist beim Wattführer zu erfragen. Die Tour nach Föhr sollte wegen zahlreicher Gefahren keinesfalls auf eigene Faust unternommen werden.

Informationen zu dieser Tour erhält man bei AmrumTouristik in Wittdün, Nebel und Norddorf (www.amrum.de).

■ **Heimatverein Öömrang Ferian,** Norddorf, s.o.
■ **Schutzstation Wattenmeer,** Wittdün, s.o.
■ **Verein Jordsand,** Norddorf, s.o.
■ **Wattführer Andreas Herber,** Norddorf, Tel. 2175
■ **Wattführer Boyens,** Norddorf, Tel. 0160-93545900
■ **Wattführer Dark Blome,** Tel. 0176-94471123 (abends)

024am rh

Dramen im Watt

Früher, als es noch keine Fähren gab, benutzte man den **Wattenweg zwischen Föhr und Amrum** natürlich viel intensiver als heute. Lange Zeit wurde sogar die Post auf dieser Route befördert. Und da man auf keinen „staatl. gepr." Führer zurückgreifen konnte und auch keinerlei technische Hilfsmittel besaß, musste man allein mit den **Widrigkeiten** der Watten fertig werden. Deshalb kam es des Öfteren zu kleinen Tragödien.

Drei Föhrer waren am 5. Februar **1834** nach Amrum geritten und machten sich um 16 Uhr dieses Tages auf den Heimweg. Es dunkelte stark und war neblig geworden, so dass sie die Wegzeichen verloren. Alsbald fanden sie sich ringsum von Wasser umgeben, nur eine Sandbank stak noch etwas heraus. Auf diese retteten sie sich, während die Flut immer höher kletterte. Als das eiskalte Wasser schon die Rücken der Pferde bedeckte, schlossen sie eng zusammen, um sich gegenseitig zu halten. Ein Pferd stürzte und riss seinen Reiter mit sich fort. Den anderen beiden gelang es nach vier weiteren Stunden, bei einsetzender Ebbe den Weg wieder zu finden und Föhr zu erreichen.

Ein Föhrer Händler, der den Weg schon Hunderte Male gemacht hatte und mit ihm absolut vertraut war, geriet im Spätherbst in schwere Regen- und Hagelböen, als er mit einem Passagier in einem Gespann nach Amrum fahren wollte. Die Flut stieg weitaus schneller als erwartet, und die Situation wurde brenzlig. Doch der Fuhrmann behielt seine Kaltblütigkeit. Er spannte das Pferd aus, setzte sich mit seinem Passagier darauf und überließ es dem Ross, seinen Weg zu finden. Das wackere Tier durch-

025am rh

schwamm mit seinen Reitern mehrere Priele und erreichte sicher das Land – gerettet! Der Wagen wurde später umgestürzt in den Watten gefunden.

Ein ganz ähnlicher Unfall ereignete sich am 31. August **1890,** als fünf Amrumer mit einem Fuhrwerk am sogenannten Klaff-Lua-Priel in Gefahr gerieten. Dank Hilfe von der Insel kamen die Ausflügler mit dem Schrekken davon. Nicht so glimpflich ging die Sache für Elena Brodersen aus, die im März **1863** übers Watt nach Föhr ging, um dort (pikanterweise) eine Scheidungsklage gegen ihren Mann einzureichen. Der Amtsakt erübrigte sich, als ihre Leiche am Föhrer Ufer gefunden wurde. „Zwei Fräuleins" fielen im Juli **1912** ebenfalls dem Wattenmeer zum Opfer. Auf dem Weg von Wyk nach Amrum verfehlten sie ihre Richtung und ertranken im Oddetief nahe der Nordspitze.

Das eine oder andere weitere Unglück dieser Art ist in **Amrumer und Föhrer Annalen** nachzulesen. Vom Handwerksburschen, den seine – offenbar sehr leichten – Stiefel wie eine Schwimmweste über einen gefährlichen Priel trugen. Vom Händler, den die Flut überraschte und der, auf seiner Kiepe stehend, das Wasser bis an seinen Mund kriechen lassen musste, bevor es wieder fiel. Zahlreiche andere waren nicht so glücklich; ihre Gebeine liegen in der Tiefe des Wattenmeeres.

Die **„Wattenpost",** von wetterfesten, umsichtigen Amrumer Briefträgern per pedes befördert, hatte übrigens keine Ausfälle, auch nicht in schweren Eiswintern. Der Dienst wurde im März 1887 vom Postdampfer „Stephan" übernommen, doch die Wattenläufer mussten auch danach immer wieder einmal einspringen.

Gastronomie

Für das leibliche Wohl ist auf Amrum durch eine große Zahl von Speisestätten reichlich gesorgt, und das für jedes Budget. Im **Winter** machen allerdings viele Restaurants dicht, und die Gastronomen vergnügen sich dann in angenehm kurabgabefreien wärmeren Gefilden. Dennoch bleiben immer genügend Klausen geöffnet, um keinen Engpass auf der Insel entstehen zu lassen. Die veränderten Öffnungszeiten werden im Aushang bekannt gegeben.

Kulinarische Höhepunkte sind die Lammtage im Frühjahr und die Muschelwochen im Herbst. Mitunter werden Ingredienzen von Land und Meer auch gewagt miteinander vermengt, so in Rindsroulade mit Muschelfüllung, was nicht gar so weit hergeholt klingt.

Wem dies zu exotisch ist, der halte sich an „Friesenwaffeln" mit Eis, Pflaumenmus und viel Sahne. Mit **Exotik** ist's eh nicht viel auf Amrum: Zwar ist „der Italiener" getreulich vertreten, und sogar mehrfach. Doch der Grieche und der Chinese glänzen durch Abwesenheit. Aber das kann sich ja noch mal ändern.

Die **Auflistung der Speisestätten** auf den nächsten Seiten folgt dem offiziellen Gastronomie-Führer „Amrum 2016".

Bistros in Wittdün

■ Crêperie am Hafen

Inselstr. 14a, Tel. 0160-97524560, 12.30–18 Uhr. „Crêpes mit Krabben nach Omas Rezept" – wie klingt das? Den Hafenblick gibt's gratis dazu.

Mundart
Inselstr. 41, Tel. 0171-6526422,
in der HS 11.30–21 Uhr, in der NS eingeschränkt.
Endlich mal Currywurst, aber auch die Krabbensuppe ist prima.

Scholle's Buttze
Inselstr. 34, Tel. 0171-3146633,
im Sommer 11–20 Uhr, in der NS 11–18 Uhr.
Hier gibt's Fisch satt, geräuchert oder gebrutzelt aus der Fritteuse.

Bistros in Nebel

Blaufeuer
Waasterstigh 24, Tel. 0172-9534240,
in der HS von 9 Uhr bis in die Puppen,
in der NS 9.30–13 Uhr und ab 15 Uhr.
Kleine raffinierte Sachen, z.B. Focaccia mit Schafskäse und Rosmarin, dazu erlesene Getränke.

Fisch & Meer
Uasterstigh 6, Tel. 96470,
9.30–18 Uhr, Sa bis 14 Uhr, So geschlossen.
Alles Mögliche auf Fischbasis.

Otti's Laden
Waasterstigh 50, Tel. 0171-6492892,
geöffnet laut Aushang.
Hier können sich Selbstversorger eindecken, aber auch Haxen, Burger und Fischsuppen gibt es.

Weinfriese
Strunwai 20, Tel. 739, in der HS Di–Sa 17–23 Uhr
Wein- und Flammkuchenbar im Kapitänshaus „Klar Kimming" mit schöner Holzterrasse, Strandkörben und „Kids Beach Club". Auch Appartements.

Bistros in Norddorf

Das kleine Hüttmann, s.u.

Käpt'n Crêpes
Strunwai 18, Tel. 0717-1451053,
in der HS von 12 bis mind. 20 Uhr,
in der NS 12–18 Uhr, So geschlossen.
Der Käpt'n sorgt hier höchstpersönlich für neue Kreationen.

Cafés in Wittdün

Café Auszeit
Inselstr. 95, Tel. 0176-53840151,
11 (NS 13)–17 Uhr.
Crêpes, Waffeln und kleine herzhafte Snacks.

Die Insel-Praline
Inselstr. 13, Tel. 995400, April bis Okt. Mo–Sa 9–18 Uhr, im Sommer auch So 11–18 Uhr.
Confiserie mit großem Angebot an Leckereien. WLAN-Hotspot für Kunden.

Kaffeeflut
Inselstr. 24, Tel. 968865,
Mitte März bis Okt. 9.30–17.30 Uhr.
Kaffee satt mit kleinen Beilagen.

Pustekuchen
Inselstr. 41, Tel. 961900.
Gemütlicher Laden mit viel Außenfläche.

Cafés in Nebel

Café Claussen
Waasterstigh 25, Tel. 2643,
tägl. 8–18 Uhr (außer So und Mo im Winter).
Munterer Cafébetrieb.

Dörnsk an Köögem
Uasterstigh 19, Tel. 2503, 11–18 Uhr außer So.
In der gemütlichen „Stube und Küche" mitten in Nebel gibt es kleine Speisen.

Friesen-Café
Uasterstigh 7, Tel. 96620, tägl. 11–18 Uhr (nur HS).
Schlemmereien wie „Rodegrütt", Selbstgebackenes (auch für Diabetiker) und Amrums womöglich leckerster Eiergrog machen einen Besuch beim Friesen schon fast zu einem Muss. Im Sommer gibt es satt Eiskrem im hübsch angelegten Garten.

Nautilus
Uasterstigh 17, Tel. 740, in der HS 11–22 Uhr.

Eiscafé im Herzen von Nebel. Im hinteren Teil des Cafés befindet sich die Nautilus-Bar im englischen Pubstil, wo geraucht werden darf.

Cafés in Norddorf

Das kleine Hüttmann
Ual Saarepswai 2–6, Tel. 9220,
ganzjährig 10.30–22 Uhr, im Sommer Mi bis 18 Uhr.
Gehört zum gleichnamigen Hotel. Frühstücken bis 15 Uhr – das ist Urlaub! Und danach vielleicht ein Hauptgericht für 5 €? Alles drin.

Café Schult
Ual Saarepswai 9, Tel. 2234, 7.30–18 Uhr,
im Winter nur nachmittags und Mo geschlossen.
Alter Familienbetrieb (seit 1890). Gelobt wird v.a. das „ökologische Frühstück" mit Vollwertbrötchen.

Giovanni L. im Rialto
Taft 5, Tel. 961313,
in der HS 10–22 Uhr, in der NS 12–18 Uhr.
Italienisches Eiscafé im Restaurant Rialto. Und was für eines! *Giovanni* ist zweifacher Eis-Weltmeister, von dem man einiges erwarten kann, u.a. Eisbecher von 2,90 bis 6,90 €.

Imbisse

Im Sommer springt eine ganze Anzahl von „Snack-Bars" dort ins Leben, wo sich viel Volk zusammendrängt, und verschwindet im Winter wieder. Im nächsten Jahr treten die Buden dann vielleicht mit neuen Besitzern unter anderem Namen in Erscheinung. Vorbeilaufen kann man an ihnen nicht, schon wegen der Wohlgerüche, die sie verbreiten.

Kneipen in Wittdün

Blaue Maus
Inselstr. 107, Tel. 2040, 18–1 Uhr oder länger,
in der NS Do, im Winter Di und Do Ruhetag.
„Beste Whiskey-Kneipe Deutschlands" heißt es. Da ist was dran, denn über 300 Sorten des Stoffs sind im Angebot. Auch mildere Drinks erhält man natürlich und viele nette kleine Speisen. Manchmal gibt es Live-Musik.

Strandbar Seehund
Untere Wandelbahn 1, Tel. 0171-3640029,
in der HS 10–22 Uhr, in der NS ab 11 Uhr
und weiter je nach Wetter.
Auch als DLRG-Häuschen bekannt. Vis-à-vis zum Kniepsand kann man diverse Getränke genießen und sich dazu Fischbrötchen einfahren. Regelmäßig finden auch Live-Konzerte oder Grillabende mit Musik statt.

Kneipen in Nebel

54° Nord
Strunwai (am Strandübergang), Tel. 0171-6420871,
April bis Okt. jeden Sa 22–4 Uhr.
Disco am Strand. Auch Konzerte, Motto-Partys usw.

Bar Nautilus
Waasterstigh 17, Tel. 740.
Teil des gleichnamigen Eiscafés.

wein & meer
Strunwai 6, Tel. 961401, in der HS 9–19 Uhr
und länger, in der NS und im Winter eingeschränkt.
Der kleine Laden mit Postschalter und ungewöhnlichem Ambiente bietet alles vom Eis am Stiel bis zu Souvenirs. Und Getränke gibt's natürlich auch.

Kneipe in Norddorf

Entenschnack-Bar
Ual Saarepswai 2–6, Tel. 9220,
ganzjährig außer Mo 17.30–1 Uhr.
Im Hotel Hüttmann. Gemütliche Bar, in der sich Inselgäste und Insulaner gleichermaßen treffen. Happy Hour von 17.30–19 Uhr!

Norddorf

Übernachtung

4 Hotel Seeblick
5 Mein Inselhotel
6 Hotel-Pension Meeresbrise
12 Letj briis
14 Romantik-Hotel Hüttmann
16 Pension F. Flor
17 Hotel Pidder Lyng
18 Hotel garni Michaelsen
19 Hotel Ual Öömrang Wiartshüs
20 Hotel Anka (garni)

Essen und Trinken

1 Strand 33
2 De Strunluuker
3 Käpt'n Crêpes
4 Seeblick mit Pub ob de Bön
7 Muschelsucher
8 Neptun
9 Oomes Hüs
10 Deichgraf
11 Zum Fischbäcker
13 Rialto
14 Entenschnack-Bar, Restaurant und Café-Bistro Hüttmann
15 Café Schult
19 Restaurant Ual Öömrang Wiartshüs

Nebel

Übernachtung

5 Ekke Nekkepenn (garni)
13 Hotel Friedrichs

Essen und Trinken

1 Wattonkel
2 Friesen-Café
3 Fisch & Meer
4 Preesters Hüs, Bar Nautilus
6 Seekiste
7 Blaufeuer
8 54° Nord, Strandpirat
9 Weinfriese
10 wein & meer
11 Nautilus
12 Dörnsk an Köögem
13 Restaurant Friedrichs
14 Café Claussen
15 Otti's Laden

Wittdün

Übernachtung

1 Campingplatz
7 Vitalhotel Weiße Düne
17 Jugendherberge

Essen und Trinken

2 Heidekate
3 Café Auszeit
4 Seefohrerhus
5 Keksdose
6 Blaue Maus
7 Weiße Düne
8 Strandbar Seehund
9 Scholle's Buttze
10 Pustekuchen
11 Mundart
12 Hafen 31
13 Kaffeeflut
14 Klabautermann
15 Die Inselpraline
17 Crêperie am Hafen
18 Südstrand

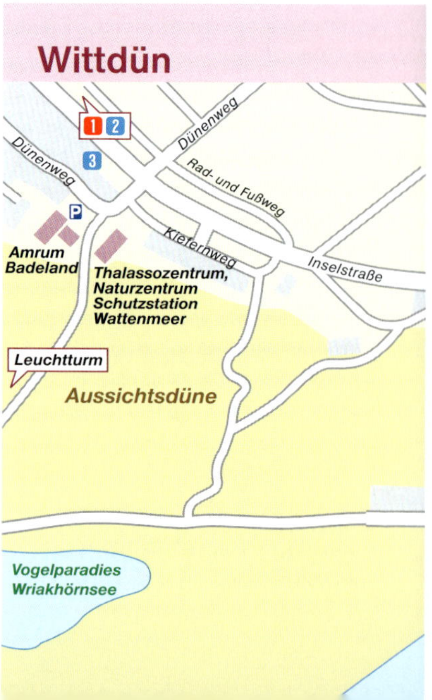

0 50 m
17
Bideelen
Saarepswai
16
Uasterani
18
19
Taft
Nei Stich
Stegelk
Naierhuuch
Farderhuuch
Blöögam
Soorenhuuch
20
Amrum Abenteuerland, Tennisplatz

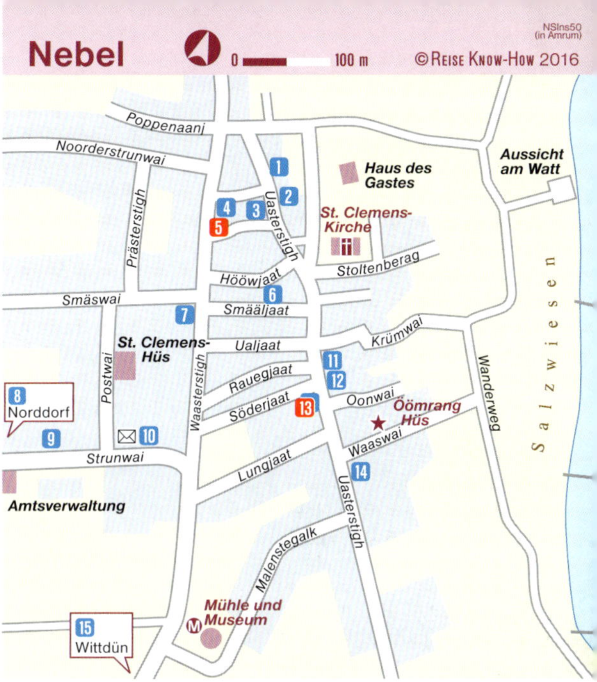
NSIns50 (in Amrum)
Nebel
0 100 m
© Reise Know-How 2016
Poppenaanj
Noorderstrunwai
Prästerstigh
1
2
3
4
5
Uasterstigh
Haus des Gastes
St. Clemens-Kirche
Aussicht am Watt
Stoltenberag
Hööwjaat
6
Smäswai
Smääljaat
7
St. Clemens-Hüs
Krümwai
Ualjaat
Postwai
Waasterstigh
11
12
Rauegjaat
8 Norddorf
Söderjaat
13
Oonwai
Öömrang Hüs
9
10
Strunwai
Waaswai
Lungjaat
14
Amtsverwaltung
Uasterstigh
Wanderweg
Salzwiesen
Malenstegalk
Mühle und Museum
15 Wittdün

0 100 m
© Reise Know-How 2016
Sportboothafen, 4
Fähranleger
Wandelbahn
Nordstrand
W.D.R
Am Deich
16
5
Wandelbahn
9
6
7
13
Köhns Übergang
Möwenweg
Tidenweg
Kapelle
Inselstraße
10
11
12
14
15
V.-Quedens-Str.
Südspitze
Kurpark
WC
18
Naturzentrum Nordseehalle
Strandstr.
Mittelstraße
17
Achtern Strand
Obere Wandelbahn
Wandelbahn
WC
8
Badestrand

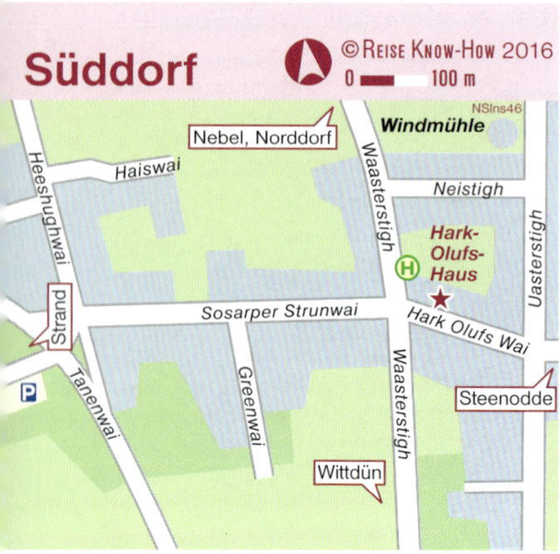

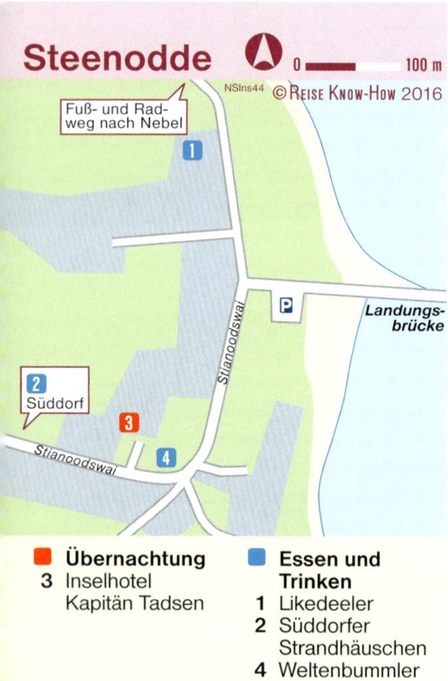

Restaurants in Wittdün

■ Hafen 31
Inselstr. 31, Tel. 2087, in der HS 12–14.30 und 17.30–21 Uhr, in der NS und im Winter lt. Aushang. „Komme was wolle, jetzt gibt es hier die beste Scholle". Und noch so einiges aus dem Meer, sogar Fish & Chips.

■ Heidekate
Inselstr. 66 (beim Leuchtturm), Tel. 968581, 12–14 und 17–21 Uhr.
Gutbürgerliches und lokale Spezialitäten.

■ Keksdose
Inselstr. 8, Tel. 4404,
in der HS 11.30–21 Uhr, in der NS lt. Aushang. Läuft auch unter „Bistro", hat aber alle Eigenschaften eines Restaurants, in dem es den ganzen Tag über deftige Hausmannskost und nicht zuletzt Currywurst und Pasta gibt. Beliebter Treffpunkt für Jung und Alt.

■ Klabautermann
Inselstr. 13, Tel. 2139,
11.30–14 und 16.30–21 Uhr, Winter 17–21 Uhr. Insulares und Maritimes – nomen est omen. Keine Teller-Ikebana der Nouvelle Cuisine, sondern „Männerportionen" (auch für Frauen), schon ab 7 €.

■ Seefohrerhus
Am Seezeichenhafen, Tel. 1451,
11.30–14 und 17–21 Uhr, Do geschlossen. Vereinshaus des Amrumer Yachtclubs. Früher wurden hier Wale angelandet. Heute ist die Seafood etwas kleinformatiger: Der Wirt des Seefohrer Hus lässt sich Nordseefische und Garnelen direkt vom Kutter anliefern und bringt sie auf geradem Wege auf die Back – frischer geht's nicht.

Fisch wird großgeschrieben auf Amrum

Südstrand
Mittelstr. 30, Tel. 2708, 12–14 und 17.30–21 Uhr, im Winter Fr–Mi ab 17 Uhr, Do geschlossen.
Preiswertes Familienrestaurant in, der Name sagt's, Strandnähe. Gutbürgerliche Küche mit viel Fisch. Auch Kindergerichte.

Weiße Düne
Inselstr. 59, Tel. 940000,
12–14 und 17.30–21 Uhr, im Winter nur abends, Mo geschlossen.
Frische Produkte aus dem Meer, darunter Muscheln und am Tisch filettierte Seezungen, zählen zu den Schwerpunkten dieser Hotelküche, und alles mit Blick aufs weite Meer.

Restaurants in Steenodde/Süddorf

Likedeeler
Stianoodswai 29a, Tel. 777,
ab 17 Uhr, Di geschlossen.
Mit Blick übers Wattenmeer genießt man hier lokale und internationale Gerichte von einer täglich wechselnden Speisekarte. Sonnenterrasse für Imbisse; Bildausstellungen Amrumer Künstler.

Süddorfer Strandhäuschen
Tanenwai, Tel. 0151-40430951, ab 11.30 Uhr.
Schnuckeliges, reetgedecktes Lokal mitten im Grün. Auch fürs kleine Portemonnaie.

Weltenbummler
Stianoodswai 17, Tel. 942440,
17.30–21 Uhr, Mo geschlossen.
Hotelküche mit frischen Fischgerichten, auch Vegetarisches. Dazu Blick aufs Wattenmeer.

Restaurants in Nebel

Friedrichs
Uasterstigh 18, Tel. 94970, 17–21 Uhr.
Traditions-Restaurant mitten im Ort. Breites Angebot an Fisch, Fleisch und Pasta.

2016-002 rh

Preesters Hüs
Waasterstigh 17, Tel. 995335,
geöffnet lt. Aushang.
Regionale Fleisch- und Fischgerichte (z.B. Steinbeißerfilet) gibt's hier, und auch eine feine Bouillabaisse ist zu haben. Bier- und Cafégarten, und abends Barbetrieb in der „Tröte".

Seekiste
Smääljaat 2, Tel. 640,
12 Uhr bis spät, Mo geschlossen.
Eine erlesene Speisekarte bietet alles vom kleinen Happen bis zum Dreigängemenü, das Ambiente des „Galerie-Lokals" ist maritim. Mal die „Qualle mit Sand" probieren – dahinter verbirgt sich eine edle Fischsuppe. Oder „Friesische Bescheidenheit", eine opulente Platte.

Strandpirat
Strunwai 44 (am Strandübergang), Tel. 968120,
tägl. 11–20 Uhr.
Alles für den großen und kleinen Hunger der Strandläufer. Große Sonnenterrasse. Disco.

Wattonkel
Uasterstigh 5, Tel. 2626,
in der HS 12–22 Uhr, in der NS 12–14
und 18–21 Uhr, im Winter Mi Ruhetag.
Kneipe und Restaurant in einem. Hier werden nicht nur in familiärer Atmosphäre Drinks kredenzt, sondern auch preiswerte norddeutsche Speisen mit täglicher Abwechslung. Auch Ausstellungen.

Restaurants in Norddorf

Deichgraf
Lunstruat 9, Tel. 1444, tägl. außer Di 17–21 Uhr.
Feine Fisch- und Fleischgerichte.

De Strunluuker
Strunwai 31, Tel. 9689440, 12 Uhr bis in die Nacht.
Am Strandübergang mit schöner Aussicht. Tagsüber zehn Gerichte unter 10 €. Das Lokal folgt der Slow-Food-Philosophie, man genieße sein Essen also in aller Ruhe.

Hüttmann
Ual Saarepswai 2–6, Tel. 9220,
ganzjährig 17.30–21.30 Uhr.
In Amrums erstem Hotel kann man natürlich schon einiges vergegenwärtigen. Fisch-, Lamm- und Wildgerichte vom Feinsten gibt's dort, und wenn gewünscht, auch in angenehm rauchfreiem Umfeld. Außerdem: Vollwertkost, große und kleine Portionen. Im Café-Bistro, dem „Kleinen Hüttmann", werden Leckereien aus eigener Konditorei gereicht, und in der abendlichen „Entenschnack Bar" kennt man sich mit raffinierten Cocktails aus.

Muschelsucher
Strunwai 9, Tel. 4488, in der HS 12–21 Uhr,
im Winter 14–20 Uhr, Mo ganzjährig Ruhetag.
Kinderfreundliches Lokal mit 1A Gerichten zu fairen Preisen. Schon für 9,90 € ist etwas dabei!

Neptun
Strunwai 7, Tel. 1234,
11.30–13.30 und 17–21 Uhr, Sa geschlossen.
„Seemannsportionen zu erschwinglichen Preisen", ist das Motto dieses Hotel-Restaurants mit maritimem Ambiente. Helgoländer Fischpfanne, Nordstrander Klüngel und Tönninger Krabben sind Spezialitäten des Hauses, und auch die Bouillabaisse sollte man vielleicht mal versuchen. Außerdem: Schonkost und täglich wechselnde Tagesgerichte.

Oomes Hüs
Dünemwai 4, Tel. 2199, in der HS 14.30–21 Uhr,
in der NS nur nachmittags, Mo Ruhetag.
In „Omas Haus" kocht der Chef selbst, und zwar ausgesuchte Spezialitäten von Fisch und Fleisch.

Rialto
Taft 5, Tel. 4148, 11 (NS 12)–22 Uhr,
im Winter nur nachmittags.
Nicht nur italienisch kann man hier essen, sondern auch indisch. Deshalb, heißt es, sind im Lokal häufig Familien mit Kindern anzutreffen. Ob denen der scharfe Curryreis wohl mundet? Aber Pizza gibt's gottlob auch.

Seeblick mit Pub op de Bön
Strunwai 13, Tel. 9210,
ganzjährig 11.30–21.30 Uhr.

Feine gutbürgerliche Küche, internationale Gerichte und friesische Spezialitäten sind auf der Speisekarte vertreten, und für echte Gourmets „Meeräschen aus Langenesser Fischgärten und frische Austern", ferner Vollwertkost. Eine Gartenterrasse gibt's natürlich auch. Im geschmackvoll eingerichteten Pub op de Bön kann man sich dann abends 'n Lütten genehmigen, in der Hoffnung, dass man anschließend nicht auf dem Boden liegt, denn das ist die Übersetzung von „op de Bön".

Strand 33
Strunwai 33 (am Strandübergang), Tel. 961555,
12–21 Uhr (in der NS 12 Uhr
bis Sonnenuntergang), Mi Ruhetag.
Durchgehend warme Küche, Kaffee und Kuchen.

Ual Öömrang Wiartshüs
Bräätlun 4, Tel. 836, im Sommer 15–21 Uhr,
in der NS 17–21 Uhr, Di geschlossen.
„Altes Amrumer Wirtshaus" heißt das Restaurant auf Hochdeutsch. Es ist berühmt für seine Fisch- und Krabbenspezialitäten und Aale aus eigener Räucherei. Auch Vegetarisches ist zu haben, und natürlich gibt es Kaffee/Tee und Kuchen.

Zum Fischbäcker
Lunstruat 13, Tel. 4364, 11.30–14.30
und 17.30–20.30 Uhr, So geschlossen.
Gutbürgerliche Küche mit Spezialitäten aus dem Meer wie Zigeunerfisch, Silberfisch (jawohl!) und schmackiger Krabbensuppe. Auch außer Haus. Schon- und Diabetikerkost, Fischladen.

Hunde

Für ganz Amrum besteht ein ganzjähriges **Hundeanleingebot.** Die Mitnahme von Hunden an die Badestrände (mit Ausnahme speziell abgeteilter Areale, siehe hintere Umschlagkarte) ist grundsätzlich verboten. Haufen sind vom Hundehalter zu beseitigen.

Soviel zur elementaren Theorie. In der **Praxis** kümmert sich, wie man immer wieder beobachten kann, kaum ein Hundeeigentümer um diese Vorgaben. Vielerorts tobt Bello – er kann ja nicht lesen! – fröhlich im verbotenen Terrain umher, während Herrchen oder Frauchen sich mit der Hundeleine um den (eigenen) Hals schmücken, wohl um Anleinbereitschaft zur Schau zu stellen. Vor einiger Zeit sah sich die örtliche Ordnungsbehörde deshalb veranlasst, die folgende, dauergültige Postwurfsendung an alle Amrumer Hundehalter und Gäste mit Hunden zu verteilen:

„Die Verunreinigung der Straßen und Wege durch Hundekot hat Ausmaße angenommen, die so nicht mehr hinzunehmen sind. Denken wir doch daran, dass wir uns als Fremdenverkehrsinsel in einem umweltfreundlichen und sauberen Zustand darstellen wollen. Denn gerade aus diesem Grunde lieben viele Urlaubsgäste die Insel und wurden teilweise zu langjährigen Stammgästen. Umso ärgerlicher ist es, dass die zunehmende Belästigung durch Hundekot diesem Ansehen schweren Schaden zufügt. (…) Hunde sind auf der gesamten Insel an der Leine zu führen. Eine **Verunreinigung** durch Hundekot in den Ortslagen ist **sofort zu beseitigen.** Verstöße gegen diese Vorschrift sind Ordnungswidrigkeiten und werden mit Geldbußen bis 500 € geahndet."

Die Zunahme von Ärgernissen dieser Art hat sich vor allem in mangelnder Aufnahmebereitschaft der Vermieter gegenüber **Gästen mit Hunden** manifestiert. Viele Gastgeber wollen keine Wauwis mehr im Haus haben. Hundehalter sollten die Liste der Inseldomizile deshalb sorgfältig dahingehend prüfen, ob

Vorsicht, Sand!

Am **1. Juli 2012** verschwand der 10-jährige *Sebastian* aus Österreich auf Amrum, ohne eine Spur zu hinterlassen. Zuletzt war er auf dem Piratenspielplatz am Wittdüner Strand gesehen worden, dann war Stille. Ein großes Aufgebot von Polizei und anderen Kräften suchte die gesamte Insel ab – vergeblich.

Erst am 4. Juli besann sich offenbar jemand darauf, den Jungen zuletzt beim Graben eines Sandlochs auf dem Spielplatz gesehen zu haben. Dort wurde auch seine Leiche gefunden. Das Loch war einen Meter breit und einen Meter tief. Der Sand war über dem Jungen zusammengestürzt, und er war erstickt. Zahlreiche andere spielende Kinder hatten keinerlei Notiz von dem Unfall genommen oder ihn als Scherzeinlage betrachtet.

Fazit: Buddeln in (tiefem) Sand kann überaus **gefährlich** sein! Eltern können ihre Kinder am Strand gar nicht genug überwachen.

011am rh

ihr Haustier auch genehm ist. Sich dagegen anzustemmen ist zwecklos, sondern verhärtet die Fronten nur.

Die **Naturschutzbehörde** hat ebenfalls etwas zu diesem Thema beizusteuern. Sie weist Hundehalter darauf hin, dass auch dem friedlichsten unangeleinten Hundchen angesichts von fliehenden Vögeln oder Schafen die Sicherungen durchbrennen und das Geschehen ihn zu lustiger Hatz veranlasst. Lustig nur für ihn, nicht für die Gejagten. Und auch nicht für Herrchen und Frauchen. Wer von einem Ranger erwischt wird, kann unter Umständen kräftig zur Kasse gebeten werden.

Es gibt aber auch gute Kunde für die Hunde. Zum einen dürfen sie auf den Fähren gratis mitreisen. Und zum anderen gibt es eine **„Hundeschule“**, wo man sie sozusagen „abstellen“ und trainieren lassen kann, nämlich bei *Ulrike Bock,* Oodwai 1, Norddorf, Tel. 2291, 944915, www.hundeschule-amrum.de – kostet natürlich etwas.

Internet

Es gibt auf Amrum mehrere öffentliche Internetzugänge, (s.u.). Außerdem „Hotspots“ mit **WLAN** im Haus des Gastes in Nebel und bei AmrumTouristik Norddorf.

Alle Zugänge sind nicht gerade billig (1 €/10 Min.). Außerdem lassen sich aus Furcht vor Viren Anhänge nicht öffnen und versenden schon gar nicht.

- **Wittdün**
Handyland (Achtern Strand 2) und Café.
- **Nebel**
Strandhalle, www.strandhalle-nebel.de
- **Norddorf**
Fl@schenpost im Hotel Seeblick (Strunwai 13) und im Hotel Hüttmann (Ual Saarepswai 2–6).

Kinder

Schon wegen der zahlreichen Heime für junges Volk (s.u.) gilt Amrum als ausgesprochene Kinderinsel, und das Vorhandensein der größten Sandkiste weit und breit trägt zu diesem Status natürlich nur noch bei. Alle drei Gemeinden haben zudem Kinderspielplätze, wobei **Wittdüns** „Schatzkiste“ in der Diele der Nordseehalle und der „Piratenspielplatz“ am Strand besonders hervorzuheben sind. In **Nebel** gibt es die „Räuberhöhle“ (im Haus des Gastes, Spielplatz davor) und in **Norddorf** das „Lollypop“ und das „Abenteuerland“ (Gewerbegebiet, www.abenteuerland-amrum.de, kostenpflichtig), wo sich die Kleinen ebenfalls vergnügen können.

In „Amrum aktuell“ und auf www.amrum.de wird bekannt gegeben, was gerade an (ständig wechselnden, meist kostenlosen) **Programmen** läuft. Ein Querbeet-Auszug:

- **Lollypop:** Schwimmenten basteln, ab 4 Jahre.
- **Räuberhöhle:** Hampeltiere basteln, ab 6 Jahre.
- **Schatzkiste:** „Traumstunde“, Spiele, Lieder und Geschichten, ab 3 Jahre.
- **Nordseehalle:** Puppentheater.
- **Naturzentrum Norddorf:** „Im Reich des Ekke Nekkepenn“, Kinderstrandführung, ab 6 Jahre.
- **Hüttmannwiese Norddorf:**
Schatzsuche für Kinder ab 5 Jahre.

- **Schatzkiste/Strand:** Strandcollagen, ab 5 J.
- **AmrumTouristik Wittdün:** Watt mal anders, 6–12 J.
- **Nebel Strand:** Murmelbahnen aus Sand, ab 7 J.
- **Lollypop:** Krabbelkäfer basteln, ab 5 Jahre.
- **Nebel,** Haus des Gastes: Sportspiele im Kurpark, ab 8 J.

Kirchen

Auf Amrum sind die Kirchentüren jeden Tag geöffnet. Es gibt die folgenden Kirchen und **Gottesdienstzeiten** (im Sommer zusätzliche Abendprogramme):

- **Nebel:** Die evangelische St. Clemens-Kirche steht unübersehbar in der Ortsmitte von Nebel. So 10 Uhr Gottesdienst, Di 17 Uhr Führung (Ostern bis Erntedankfest) Do 20.30 Uhr musikalische Abendfeier, Pfingsten bis Erntedankfest, Pastorat Tel. 2389.

- **Norddorf:** Katholische Kirche St. Elisabeth, Sjüürenwai, Gottesdienste laut Aushang.
- **Wittdün:** Evangelische Kirche (Kapelle), Hauptstr. 55, So 10 Uhr Gottesdienst, 11.15 Uhr Kindergottesdienst (Mai bis Sept.). Evangelische Kurseelsorge Tel. 99151.

Neuapostolische Kirche, So 10 Uhr im Lesesaal der Kurverwaltung (Juni bis Sept.).

- Außerdem ist in der Hauptsaison die **Kirche unterwegs** (KU) auf dem Campingplatz Schade mit einem Veranstaltungszelt vertreten. Ehrenamtliche Mitarbeiter betreuen dann bis zu 3000 Besucher, denn die KU findet großen Anklang. 11 Uhr Familiengottesdienst unter einer blauen Fahne.
- **Telefonseelsorge:**
tägl. 19–24 Uhr, Tel. 04651-25500.

Post

Die Amrumer Poststelle befindet sich am Strunwai 6 **in Nebel.** Briefmarken sind in vielen Geschäften erhältlich.

Presse

Alle gängigen Zeitungen und Zeitschriften von Bild bis Spiegel sind in den Buchläden und Kiosken der Insel vertreten. Speziell für Amrum gibt es zudem die folgenden Publikationen (alle gratis):

- **Amrum aktuell:** Wöchentlich erscheinendes Info-Faltblatt. Sehr nützlich, gibt es auch als PDF-Datei zum Download unter www.amrum.de.
- **Der kleine Amrumer:** Info-Magazin, jährlich, auch als PDF-Datei zum Download unter www.amrum.de.
- **Der St.-Clemens-Bote:** Kirchenblättchen, das halbjährlich erscheint.

St. Clemens in Nebel

027aam rh

Auf Amrum ist (fast) alles erlaubt

Sport

Sport auf Amrum beinhaltet **nichts Schrilles und Trendiges.** Alle Bewegungsabläufe sind hier von menschlicher Dimension, dem Grundcharakter der Insel angemessen. Nun – beim Windsurfen und Kiten saust man schon mal wie ein geölter Blitz dahin; schneller als der Wind aber auch nicht. Die Rollschuhe – Inline Skates auf Neudeutsch – kann man ebenfalls getrost zu Hause vergessen, denn der allgegenwärtige Inselsand führt alsbald zu Verklemmungen. Außerdem gibt es kaum Areale, wo sich die Rollis einsetzen ließen (außer dem Wirtschaftsweg Norddorf – Wittdün und dem alten Tennisplatz in Norddorf). Am Fallschirm kann man auch nicht niederschweben, denn Amrum lässt keinen Flugverkehr zu. Und so weiter.

Man begnüge sich mit dem Vorhandenen – auch so bietet Amrum eine recht **ordentliche Palette an Sportarten,** die auf Grund ihres Umfangs hier gar nicht zur Gänze aufgeführt werden kann: Aerobic, Angeln, Aquafit, Badminton, Boule, Fußball, Kegeln, Minigolf, Nordic Walking, Pilates, Reiten, Schach/Freilandschach, Sportschießen, Schwimmen, Segeln, Surfen, Tennis, Tischtennis, Trimmpfadlauf, Volleyball, Wandern und Yoga. Und über den TSV Amrum können Interessierte an Programmen wie Marathon- und Waldlauf und „Fußball für Gäste" teilnehmen. Es gibt sogar eine **Fußballschule,** wo man Bolzen lernen kann – Tel. 940315. Weitere Informationen durch AmrumTouristik. Diverse Sportveranstaltungen (außer den nachstehend genannten) werden auch an den Stränden anberaumt; Details in „Amrum aktuell" oder im „Fitnesskalender" auf www.amrum.de.

Angeln

Das „Fischereigesetz für die Ausübung des Angelsports in Küstengewässern" ist kürzlich neu gefasst worden. Man benötigt jetzt einen **Fischereischein,** um den Wurm zu wässern. Auskünfte hierzu beim Amt Amrum in Nebel, Tel. 94110.

Burgenbau

Auf manchen Nordseeinseln ist dieser „Sport", nämlich der Bau von Krümelkastellen, untersagt, auf anderen ist er zumindest nicht gern gesehen. Es gibt verschiedene Gründe, dem deutschen Mann (Frauen sind kaum an der Aktivität beteiligt) sein liebstes Tun am Strand zu verleiden. Primär ist wohl die Überlegung, dass jemand, der sich in seiner Sandburg verschanzt, vielleicht keinen teuren Strandkorb mehr mietet. Das ist ja auch nur allzu verständlich. Außerdem besteht die Möglichkeit, dass jemand in das Sandloch stolpert, nachdem sein Besitzer es verlassen hat, und dort zu Schaden kommt. Dann ist natürlich die Gemeinde schuld und nicht der unachtsame Strandläufer (siehe auch Exkurs „Vorsicht Sand!" weiter oben).

Auf Amrum gibt man sich solchen Skrupeln nicht hin. Der Kniepsand (s.u.) ist so riesengroß, dass dort unzählige Burgen hochgezogen werden können, samt Mautgräben und Zufahrtskanälen. Sofern dies nur nahe genug am Wasser geschieht, löscht die nächste Flut die Bauwerke ohnehin wieder aus. Und die Strandkörbe werden eh gemietet, so oder so. Allerdings gibt es eine ganz individuelle kleine Ausnahme … (s.u. „Kunst am Kniep").

Drachensteigen

Weil körperliche Bewegung eingeschlossen ist, gilt auch diese Tätigkeit als Sport. Man hat auf Amrum prinzipiell nichts gegen dieses Vergnügen, ersucht die Operateure jedoch um die Einhaltung folgender **Regeln:**

So nicht!

Es ist schon ein paar Jahre her, dass dieser Artikel unter der Überschrift **„Sie hausten wie die Vandalen"** in Amrumer Zeitungen erschien. Aber er ist weiterhin aktuell, und er sollte zumindest einen Anstoß geben, von Nachahmungen abzusehen:

„Feststellen mussten die Mitarbeiter der Schutzstation auch (nachdem ihre eigenen Anlagen verwüstet worden waren, Anm. d. Autors), dass ganze Sportgruppen Weitsprung und Kugelstoßen in den Dünentälern übten und andere ausgerechnet auf dem für Wattvögel ausgewiesenen Hochwasserrastplatz in der Wittdüner Kniepbucht ihre Speerwurftechnik zu verbessern versuchten.

Die damaligen Zivildienstleistenden, die alle Hände voll zu tun hatten, um den Schaden so gering wie möglich zu halten, trafen – wie sie mitteilen mussten – bei der Mehrzahl der Gäste, die sie ansprachen, auf herbe Worte und Unverständnis."

„Randale auf der Insel" – darunter hatte Sylt schon so schwer zu leiden, dass man dort nach dem Vorbild von „Streetworkern" Strandpädagogen einsetzte. Auf Amrum haben sich Ausschreitungen immer in relativen Grenzen gehalten, wohl weil Krachmacher wenig Publikum finden, das ihnen Bewunderung zollt.

- je 300 m Mindestabstand von der Wasser- und der Dünenkante, weil in beiden Fällen andernfalls Vögel gestört werden,
- grundsätzliches Fernbleiben aus den Dünen und von der gesamten Wattseite der Insel,
- weiter Abstand von Badegästen und Strandkörben.

Minigolf

Eine **Anlage** – sogar mit eigener Bushaltestelle – befindet sich am südlichen Ortseingang von Norddorf nahe des Hotels letj briis (Degelk 7). Von Anfang April bis Ende Oktober täglich ab 10 Uhr geöffnet, abends bei Bedarf mit Flutlicht. Auch für Kinder geeignet. Angegliederter Kiosk. Preise pro Runde (18 Felder): Erw. 5 €, Kinder (bis 11 Jahre) 2,50 €.

Amrum ist Pferdeland

Reiten

Amrum ist eine **Insel der Pferde.** Auf zahlreichen Koppeln (zu viele, sagen manche Inselkenner) genießen die Rösser weitgehende Freiheit, und auf mehreren Reiterhöfen kann man das Glück der Erde genießen, z.B.:

- **Islandpferde faan Stianood** in Steenodde, *Hilke & Tim*, Tel. 0177-4811807, Strandritte und andere Ausritte in kleinen Gruppen sowie Unterricht, bitte telefonisch anmelden, www.islandpferdehof-amrum.de.
- **Reiterhof Andresen,** Norddorf, hinter Gewerbegebiet, Tel. 04682-1632, qualifizierter Reitunterricht, Voltigieren, Strand- und Waldritte, Führzügel-Ponies u.v.m., www.reiterhof-andresen.de.

028am rh

Durchschnittspreise: Wald- und Wiesenritt (ca. eine Stunde), 20 €; Strandritt (2 Std.), 35 €, und vieles mehr. An Ausritten dürfen auf allen Höfen nur geübte Reiter teilnehmen.

Mehrmals im Jahr findet auch das sogenannte **Ringreiten** statt, bei dem die Reiter im Schweinsgalopp einen kleinen Ring per Lanze durchstechen müssen – immer eine große Gaudi.

Schwimmen

Die drei **Gemeindestrände** werden zur Badezeit von Rettungsschwimmern bewacht (siehe „Strände"). Aber natürlich kann man auch überall sonst und zu jeder anderen Zeit ein Bad in der See nehmen – dann eben „auf eigene Gefahr". Das wird in Amrumer Schriftmaterial auch vernünftigerweise ganz locker zugestanden statt „verboten".

Der Badespaß entlang des Kniepsandes ist generell genau das, was er sich nennt: Spaß. Bei ruhigen Seeverhältnissen bestehen für einen Schwimmer kaum **Gefahren.** Riskanter ist das Schwimmen dort, wo die Gezeitenströmungen einen Haken schlagen, so an der Odde und südlich von Wittdün. An diesen Stellen sollte man, zumal dort gar keine Badereviere ausgewiesen sind, die „eigene Gefahr" realistisch einschätzen und auf den Sport verzichten (siehe auch weiter unten „Gefahren am Strand").

Kunst am Kniep

Etwas nördlich der Wittdüner und Nebeler Strandabschnitte entdeckt man nahe der Hochwasserlinie einige **seltsame Baulichkeiten.** Antennen scheinen sich in den Himmel zu recken, bunte Gegenstände glänzen in der Sonne, Fahnen flattern im Wind. Eine Zitadelle der Bundeswehr? Eine Seezeichenanlage? Eine Zentrale für Satellitenüberwachung?

Alles falsch. Bei näherer Betrachtung erweisen sich die „Gebäude" als kuriose Bruchbuden, zusammengeschustert aus angetriebenem Strandmüll und liebe- und kunstvoll mit allem erdenklichen Gerümpel verziert. Die **urigen Konstruktionen** haben sogar Geschichte aufzuweisen. Und neuerdings, seit sich ein prominenter Maler namens *Otfried Schwarz* ihrer angenommen hatte, gelten sie gar als Kunstwerke – „Kunst am Kniep" – und werden als solche toleriert. Bis auf Weiteres jedenfalls.

Das ist nicht so selbstverständlich, wie das klingt, hat aber etwas mit **Tradition** zu tun. Die ersten Buden dieser Art entstanden nämlich schon in den 1950er Jahren. Sowohl Insulaner als auch Badegäste hatten Anteil an ihrem Bau, der insofern einen greifbaren Bonus mit sich brachte, als gleichzeitig der Strand sorgfältiger denn amtlicherseits gesäubert wurde. Die Baumeister verzichteten auf keinen angetriebenen Schuh, keine Bierkiste, kein Fischnetzfragment und keine Flasche.

Den Offiziellen in den Ämtern waren die witzigen Buden dennoch ein permanenter Dorn im Auge. Auch beschwerten sich immer wieder Inselbesucher – stets dieselben, wie es schien – über die **„Verschandelung des Strandes".** Einer, noch nicht lang ist's her, legte sogar eine Dienstaufsichtsbeschwerde gegen einen Inselbürgermeister ein: Der Mann hätte sich gegen das Landschaftspflegegesetz und die Bauordnung vergangen. Die Naturschützer steuerten ebenfalls ihren Senf bei: Die Hütten störten die Vogelwelt. Die Vermieter der Insel redeten auch ein Wörtchen mit, aus Sorge, jemand könnte in den Hütten „schwarz", d.h. unentgeltlich, übernachten und ihnen dieserart die Butter vom Brot nehmen.

So kam es, dass die Strandbuden alle paar Jahre abgefackelt oder von Traktoren plattgemacht wurden. Manche verschwanden nach schweren Winterstürmen auch ganz von selbst im Sand. Genauso schnell entstanden jedoch

029am rh

Neukonstruktionen – alle aus reinem Spaß an der Freud' und nicht, Gott bewahre, um etwa darin zu „wohnen", aus Platz- und Bequemlichkeitsgründen schon ein Ding relativer Unmöglichkeit.

Mit der Zeit gingen den Einheimischen die Edikte aus fernen Amtsstuben immer mehr auf den Geist. So beschloss man mit augenzwinkerndem Wohlwollen, die Buden zu tolerieren. Es handele sich um einen originellen und akzeptierten **Teil des Amrumer Badelebens,** argumentierte man. Sogar der lokale Umweltausschuss sprang jetzt in die Bresche: Unter den Häuslebauern befänden sich radikale Vogelschützer, hieß es, die Ruhestörer aus den Schutzgebieten heraushielten. Und außerdem trügen die sandfangenden Hütten eher zur Dünenbildung als zu deren Zerstörung bei. Alles in allem sah man keinen Grund, den Budenbau zu verbieten, und abreißen wollte man die Dinger schon gar nicht. Selbst Schleswig-Holsteins frühere Ministerpräsidentin *Heide Simonis* ließ ihr

030am rh

„grauenvolles Mundwerk" (Eigendarstellung) verstummen, als sie sich die Steine des Anstoßes ansah, und lächelte amüsiert.

Das war wohl auch die beste Politik. Also bleibt alles beim Alten mit der einzigen Auflage, dass **ausschließlich Treibgut** vom Kniepsand **als Baumaterial** zum Einsatz kommt. Was gegenwärtig dort steht, gehört zum urigsten bislang Gebauten, und die Architekten hissen stolz ihre regionalen Fahnen – sogar bayerisches Weißblau ist dabei –, während sie endlos an den Schuppen herumbosseln. Den größten Teil des Jahres stehen die Sandzitadellen eh leer. Aber auch dann dienen sie einem guten Zweck: Strandwanderer wissen die trockenen Höhlen bei Regen, Blitz und Donner zu schätzen, wie begeisterte Eintragungen in den „Hüttenbüchern" beweisen – ja, selbst die gibt es.

Die Buden stehen jedem offen. Lediglich ein Begehren haben die „Wirte": Bitte die Türen wieder schließen. Bleiben sie offen, empfängt den Burgherrn im Frühjahr ein massiver Sandblock im Innern. Dann geht die ganze Plackerei wieder von vorne los.

Wem die Nordsee zu unruhig oder zu kalt ist, kann auf Wittdüns schmuckes **AmrumBadeland** mit molligen Temperaturen ausweichen, ein „Wellness- und Thalassozentrum", das es in sich hat („Thalasso", falls es jemand nicht wissen sollte, ist griechisch für „Meer"). Hier rauschen maschinenbewegte Nordseewellen, gurgeln Gegenströmer, blubbern Whirlliegen. Und nicht nur das. „Rasul, das märchenhafte, altorientalische Pflegezeremoniell mit Licht- und Klangeffekten unter der Sternenkuppel" gibt es auch und ebenfalls „Solair Med – das Sand- und Sonnenbad mit warmem, echtem Kniepsand, umgeben von Dünen und der Melodie des Meeres, mit dem Sonnenlauf vom farbenprächtigen Aufgang zum Zenit und milden UVA-Strahlen für sanfte Bräunung, bis zum stimmungsvollen Untergang". Zumindest der Sand ist echt. Ansonsten alles echt künstlich. Aber wenn es draußen pladdert oder die Nordsee mächtig bullert, ist diese wohlig durchwärmte Kunstlandschaft bestimmt vorzuziehen. Ganz schlicht schwimmen kann man dort auch, sogar mit „minutengenauer Abrechnung". Denn das Vergnügen ist nicht gratis. Eine Familie ist schnell einen Fünfziger los. Separate Preise gelten für andere Einrichtungen.

- Die **Anlage des AmrumBadeland** am Dünenweg (westlicher Ortsausgang von Wittdün) ist täglich (außer Mo) 10–18 Uhr (Di bis 22 Uhr) geöffnet. Tel. 943431, www.wittduen.net.

Preise für das Meerwasser-Wellenbad

- **Erwachsene** 6,00 € für 1 Std., jede weitere Std. 3,00 €, 15,00 € pro Tag
- **Kinder** (3–16 J.) 4,00 € für 1 Std., jede weitere Std. 2,00 €, 10,00 € pro Tag
- **Kindergruppen** (ab 10 Pers., nur mit Anmeldung, 2 Std.) 5,00 € pro Pers.
- **Familien** (Eltern + 2 Kinder) 14,00 € für 1 Std., jede weitere Std. 7,00 €, 35,00 € pro Tag

Preise für die Sauna mit Schwimmbad

- **Erwachsene** 8,00 € für 1 Std., jede weitere Std. 4,00 €, 20,00 € pro Tag
- **Kinder** (12–16 J.) 6,00 € für 1 Std., jede weitere Std. 3,00 €, 15,00 € pro Tag
- **Familie** (Eltern + 2 Kinder) 20,00 € für 1 Std., jede weitere Std. 10,00 €, 50,00 € pro Tag.

Die Preise gelten für Inhaber der Gastkarte. Ohne Karte gelten doppelte Preise.

Segeln

Amrum zählt zu den beliebtesten Zielen für Segler (siehe „Anreise"). Man kann auf der Insel aber auch den Sport lernen, und zwar bei der **Segelschule Boyens** in Norddorf (Tel. 545), kontakt@boyens-amrum.de.

Richtpreise Segeln

- Einsteigerkurs: 280,00 €
- Anfängerkurs (12 Std.): 380,00 €
- Privatunterricht/Std.: 75,00 €
- VDWS Katscheinprüfung: 35,00 €
- **Verleih** (Kat): 28–40 €/Std.

Strandgymnastik

In der Sommersaison wird an den Badestränden von Wittdün, Nebel und Norddorf von Mo bis Sa Strandgymnastik unter Anleitung betrieben (genaue Uhrzeiten in der Broschüre „Amrum Aktuell"). Die Teilnahme an der Strandgymnastik ist in allen Gemeinden kostenlos.

Tennis

Im Abenteuerland im Gewerbegebiet Norddorf gibt es Spielmöglichkeiten.

Wandern

Amrum bietet **paradiesische Bedingungen** für den Wanderer, dazu gleich mehr. Vorerst soll jedoch dringend darauf verwiesen werden, dass Fußgänger sich den Autostraßen fernhalten sollten. Bei Durchwanderungen der Insel auf der Querachse gerät man zwangsläufig auf einen „Highway“ und muss mitunter ein Stück daran entlangmarschieren. Falls dies nicht zu vermeiden ist, sollten Wanderer sich extrem defensiv verhalten, d.h. stets die Berme (Absatz an der Böschung) benutzen und jedem heranbrummenden Auto weit aus dem Wege gehen. Als besonders **risikoträchtig** gilt die Kurve beim Leuchtturm, wo die Landstraße fast rechtwinklig abbiegt. Hier und an einigen weiteren Stellen im Mittelteil der Insel sind grässliche Unfälle passiert, und zahlreiche Fast-Unfälle stehen zu Buch, zumeist, weil Wanderer auf ihr Recht gepocht hatten: „Bin doch links gelaufen!“ Viele Autofahrer scheinen Fußgänger auf den Straßen gar nicht einmal zu vermuten, und dann knallt es eben. Und dem Überfahrenen nützt es auch nichts mehr, durch Linkslaufen „im Recht“ gewesen zu sein …

Die längste Wanderung, die man ohne Zickzack auf Amrum unternehmen kann, ist **einmal um Amrum herum.** Diese Tour umfasst etwa 27 km. Man nimmt dafür den gesamten Kniepsand unter die Füße, was wegen dessen vorwiegend harter Oberfläche eine leichte Übung ist. Nur von Norddorf bis zur Odde wird der Sand immer weicher, und man muss sich ein wenig abstrampeln. Östlich der Odde gewinnt man ab der

032am rh

> Strandgymnastik – gesunde Bewegung

3

Vogelwarte wieder griffiges Terrain und kann danach auf einem bequemen Wanderweg am Ufer entlang bis Wittdün zurückmarschieren.

Eine weitere schöne Route von 6 km Länge führt **vom Leuchtturm nach Norddorf** ständig durch Wald. Wenn man alternativ auf dem Kniepsand oder am Wattenmeer zurückwandert, legt man insgesamt etwa 14 km zurück – eine hübsche Tour.

Auch viele andere Kombinationen sind machbar, ohne dass man mit Straßenverkehr in Berührung kommt. Nur mit Radlern muss man die meisten Wanderwege teilen – aber man weicht sich ja netterweise gegenseitig aus.

Allein Fußgängern vorbehalten sind (außer dem Strand) die **zahlreichen Bohlenwege durch die Dünen.** Der längste ist gut 3 km lang und führt von Wittdün zur Großdüne (Leuchtturm).

Die Bohlenwege sind nicht (nur) angelegt worden, weil man nett zu Wanderern sein wollte, sondern um dieselben aus den Dünen fernzuhalten. Also, Hiker: Bitte auf dem Holzweg bleiben; das Herumtrampeln in Amrums Sandgebirgen ist nicht erlaubt!

Wenn man das Wandern mit Informationen über die Inselnatur (an Hand von Schaubildern) verbinden will, kann man das auf folgenden **Naturlehrpfaden** tun:

- Zwischen Norddorf und dem Strand,
- an der Wattenmeerküste bei Nebel,
- im Westerheide-Gebiet westlich von Nebel,
- am Wriakhörn-See (s. Kapitel „Sehenswertes, Außerhalb der Orte").

Auf dem Holzweg

Windsurfen

Auf dem Brettl vor dem Wind daherzusausen, ist ein „typisch Amrumer" Sport. Windsurfen gilt als ökologisch unfragwürdig und, sofern der Surfer nicht einem Schwimmer vor den Kopf knallt, als sehr sichere Aktivität. Es gibt

033am rh

auf Amrum die folgenden Surfzentren, in denen man sich schulen lassen oder auch Geräte ausleihen kann:

- **Boyens,** Norddorf, Tel. 545, www.boyens-amrum.de
- **Martinen,** Norddorf, Tel. 995313
- **Randow,** Nebel, Tel. 0170-2949670

Die Preise variieren von einer Schule zur anderen allenfalls mal um einen Fünfer.

Die Surfzentren sind an den Stränden schon von weitem am Fahnengeflatter und aufgestapelten Boards erkennbar. Einfach mal hingehen und sich erkundigen. Für Norddorf ist anzumerken, dass wegen mangelnder Zufahrt zum Strand die Boards nicht direkt angefahren werden können. Info über die Handhabung erteilen die dortigen Surfschulen.

Preise

Die durchschnittlichen Preise fürs Windsurfen liegen bei 75 € für den Schnupperkurs und bei 225–250 € für den Grundkurs. Die Prüfung kostet 35 €.

Kitesurfen

Kitesurfen ist **in Norddorf** möglich.

- **Information: Boyens,** Tel. 545, www.boyens-amrum.de

Strände

Einem Veranstalter, der seine Reisenden nach Amrum schickt, kann es nicht passieren, etwa „wg. getrübten Urlaubsgenusses durch mangelnde Feinsandigkeit" verklagt zu werden. Alles schon vorgekommen. Selbst die Sandkorngröße ist in Deutschland gesetzlich geregelt. Der **Feriensand** darf nicht unter den Füßen pieken, sonst muss ein Preisnachlass von 15 Prozent gewährt werden (AZ 231 C 2599/97). Kein Problem auf Amrum, wo alles so weiß und weich ist, dass die Strandläufer wegen permanenter Fußreflexzonenmassage alle bestens gelaunt erscheinen. Nur gelegentlichen Muschelschalen muss man mitunter ausweichen – aber darauf sei hier gleich ausdrücklich hingewiesen, damit's zu keiner Trübung des Urlaubsgenusses kommt und ein neues Aktenzeichen eingeräumt werden muss …

Der Kniep

Sand, Sand, Sand. Schon in der Amrumer Vergangenheit gab es jede Menge **Ärger mit dem Sand,** weil die Äcker von ihm begraben wurden. Auch heute ist man keineswegs davor gefeit. Der Norddorfer Strandübergang verschwindet jeden Winter erneut unter Sandmassen, die der Wind zusammengefegt hat und die im Frühjahr abgebaggert werden müssen. 2500 Kubikmeter schaufelt man im Durchschnitt weg, teils mit Raupenbaggern, teils per Hand.

Amrum for Guinness!

Im Sommer **1996** war's, als neun wackere **Surfer** auf einem Mega-Brett von 16 Meter Länge und 400 Kilo Gewicht von Nieblum auf Föhr aus in See stachen. „Einmal Amrum und zurück!" lautete der Tagesbefehl.

In flotter Fahrt ging's bei Windstärke 4 auf Tour, und schon 65 Minuten später knirschte das Riesenbrett bei Wittdün auf den Sand. Zurück brauchte der „Achter mit Schwertmann" dann mit günstigem Wind gar nur 35 Minuten – eine kleine Bestleistung, für diese spezielle Klasse zumindest.

Man hoffte nach dem Triumph auf einen Eintrag im Guinness Buch der Rekorde. Aber daraus wurde letzten Endes dann doch nichts. Mit neunhundert Mann auf dem Surfbrett – ja, das wäre schon eher etwas im Sinne des berühmten Buches gewesen!

034am rh

Den Inselgast ficht das wenig an; er ist ja des vielen Sandes wegen angereist. Manchmal allerdings nimmt der **Flugsand** die Proportionen eines Wüstensturms an, und am Kniep sieht es dann aus wie in einem arktischen Blizzard. Und wenn schon – mal was anderes: Ein kleines Abenteuer, auch wenn's zwischen den Zähnen knirscht.

Der Kniep ist **südwestlich von Wittdün** am breitesten. Dort befindet sich auch die Kniepsandbucht, die das wilde Meer bis an die Strandpromenade heranplantschen lässt und Wittdün somit zum Seebad macht. Allerdings wird das Wasser dort immer seichter (max. 80 cm), so dass sich manche Lokalpolitiker schon nach der alten Kniepsandbahn zurückgesehnt haben, um die Badegäste an tiefere Gestade zu karren. Womöglich werden Pferdefuhrwerke eines Tages diese Aufgabe erledigen– reizvolle Vorstellung!

Nach Norden wird der Kniep allmählich schmaler. Gegenüber von Nebel im Mittelteil liegt zwischen der Strandhalle und der Wasserlinie noch etwa ein knapper Kilometer, in Norddorf ist es nur noch ein halber. Oben an der Odde hat man die See dann von beiden Seiten fast auf Tuchfühlung.

Die drei Gemeinden verfügen über **bewachte Strandareale.** Bei Präsenz der Lebensretter flattert an deren Flaggenmast die DLRG-Fahne. Sie gibt die offizielle Badezeit bekannt, eine gelb-rote Flagge signalisiert Badeverbot für Kinder, Nichtschwimmer und Invaliden, eine rote bedeutet: Badeverbot für alle. Grundsätzlich sollte man am Strand keine Luftmatratzen und Gummibötchen benutzen. Bei ablandigem Wind gehen diese nämlich schnell auf Tour in Richtung Großbritannien.

Gefahren am Strand

Generell ist, zumal an den bewachten Stränden, wenig Gefährliches zu befürchten. Mögliche Ausnahmen sind:

Quallen

Nur ganz selten geschieht es einmal, dass ziepende Quallenarten das Wasser bevölkern, aber wenn schon, dann treten sie perfiderweise in der Hauptbadesaison auf. Davon ahnen die Strandwärter natürlich auch nichts, und man muss allein mit dem Problem fertig werden. Ans Leben geht's eh nicht, es sei denn, man ist extremer Allergiker, was man ohnehin wissen sollte.

Wenn beim Baden etwas auf der Haut brennt, ist es eine Qualle. Man verlasse umgehend das Wasser und begebe sich zur Wärterbude. Dort ist ein linderndes Mittelchen vorhanden, das sich des Leidens verlässlich annimmt. **Essig** ist am hilfreichsten, hoffentlich ist welcher da. Wer sich vor Quallen fürchtet, bade im Hemd; auch eine dicke Schicht Sonnencreme ist nützlich. Nicht mit Sand abreiben! Aufs Trockene getriebene Quallen sind harmlos, auch wenn man versehentlich auf sie tritt.

Seegang

Die Amrum vorgelagerten Sandbänke bringen die See schon draußen zum Brechen. Das gefällt Badegästen nicht so gut, die sich gern in donnernder Brandung tummeln, trägt aber viel zur Sicherheit bei. Was bei stürmischem Wetter weiterhin an den Strand rollt, kann **schwache Schwimmer** indes immer noch in Bedrängnis bringen, weil das stark mit Luftblasen durchsetzte Wasser der Brecher weniger tragfähig ist als normales. Man muss sich darin mehr abstrampeln und ermüdet eher. Doch schon dieses Wissen trägt zur Vermeidung gefährlicher Szenarien bei – oder sollte es zumindest.

Unterkühlung

Auch im 20 Grad „warmen" Seewasser geht dem Schwimmer ständig Wärme verloren. Wer nach längerem Baden mit den Zähnen klappert, nehme **keinen Alkohol** „zur Erwärmung" zu sich. Alkohol öffnet die Hautporen und führt zu weiterer, letztlich gefährlicher Auskühlung. Dick einmummeln und bald ein heißes Duschbad – das hilft.

Wadenkrampf

In Rückenlage das **betroffene Bein steif ausstrecken** und die große Zehe hochziehen. Der Krampf löst sich dann augenblicklich. Das Wasser verlassen, denn die Verkrampfung ist ein Zeichen für beginnende Auskühlung.

FKK

An der Nordsee ist man freier als im Ostseeraum, wo **Nacktheit** in letzter Zeit für Aufregung sorgte. Textilfreies erregt auf Amrum schon längst keinen Anstoß mehr. Dass Nackte und Bekleidete einander bei Einbruch ins jeweils falsche Terrain empört „Schwein!" nachrufen, ist ebenfalls passé.

Es gibt an allen drei Gemeindestränden **spezielle FKK-Areale** (siehe Umschlagkarte hinten), die gut besucht sind. Aber die respektiven Anschauungen mischen sich andernorts recht zwanglos, wenn auch nicht gerade in den Ortsbereichen.

Der unvergleichliche Kniepsand

17 Kilometer ist er lang und bis zu mehr als zwei breit, mindestens **10 Quadratkilometer** groß und zur Gänze aus feinster Materie bestehend, die ihm als einzigem Strand im deutschen Nordseebereich fünf Sterne verleiht. Der Kniepsand ist es, der Amrum mit seiner blitzweißen Borte zur Königin macht und die Besucher der Insel immer wiederkommen lässt. Der Name hat wohl etwas damit zu tun, dass die gewaltige Sandmasse Amrum einst in die (Kneif)-Zange nahm. „Kniepen" heißt im Norddeutschen „kneifen".

Geologisch ist Amrums Vorzeigestück blutjung. Zwar gab es schon im 16. Jahrhundert im Südwesten der Insel eine ausgedehnte Sandbarre, die in alten Karten getreulich

verzeichnete „Ameren bor". Im Lauf der nächsten zweihundert Jahre verlagerte sich dieses Gebilde jedoch in Richtung Norden und formte letztlich einen ausgedehnten Nehrungshaken, der vom Südende der Insel bis zur Höhe des heutigen Norddorf reichte. Dazwischen lag lange Zeit eine tiefe Bucht, die sogar von der Schifffahrt benutzt wurde. Doch dann bewegte sich all dieser Sand unaufhaltsam auf die Westküste Amrums zu ... Gegen Ende des 19. Jahrhunderts kam es zum Schulterschluss; die einstige Sandbarre kroch sozusagen an Land und ging in der insularen Masse auf. Seither bildet der Kniepsand mit Amrum eine feste Einheit, allerdings im Norden erst seit etwa 50 Jahren – bis dahin war Norddorf, jetzt kommod auf dem Trockenen gelegen, noch „Hafenstadt". Im Zuge dieser Anbauten fügte der Kniepsand in jüngerer Zeit auch der jungfräulichen Südküste noch erhebliche Substanz hinzu.

Von der Sandbank auf hoher See verblieben ein paar **Eilande,** Jungnamensand, Hörnumknobs und Theeknobs, winzig zwar, doch ideale Sonnenbänke für Seehunde, üble Fallen für die Schifffahrt und perfekte Wellenbrecher für den Kniepsand. Im Gegensatz zu den Syltern gibt man sich an der Westküste von Amrum auch keinen Sorgen hin, dass hier etwas abbröckeln könnte. Der Blanke Hans klettert auf Amrum höchstens mal durch die Hintertür, vom Wattenmeer her, an Land und nagt allenfalls an den beiden Spitzen im Süden und Norden, die wie verletzliche Finger in die See ragen. Alles kein Thema für Liebhaber des großen Kniepsandes. Sie können sich in der riesigen Sandkiste, einer der größten jenseits der Sahara, unbeschwert tummeln und mit Sicherheit vorhersagen, dass ihr Spielplatz trotz schwerer Wintersturmfluten auch in der nächsten Saison vorhanden sein wird.

036am rh

Dünenüberwegung in Norddorf

Eine weitere Ausnahme ist das FKK-Terrain unmittelbar unterhalb des Amrumer Leuchtturms. Es handelt sich um ein ausschließlich Nackten vorbehaltenes **privates Camping-Gelände** mit 175 Stellplätzen, schwer umdrahtet und mit vielen Verbotsschildern umstellt, die auf Geheimnisvolles hindeuten. Drinnen bewegen sich aber nur ein paar Nackedeis. Wer versehentlich hineingerät, erhält schwere verbale Flak (obwohl Voyeuren vom Leuchtturm aus keine Kleinigkeit entgehen dürfte), siehe auch unter „Unterkunft/Camping".

Rauchen am Strand

Ende der 1990er Jahre fasste man auf Amrum einen Plan ins Auge, **rauchfreie Sektoren** an den Stränden zu etablieren.

035am rh

Weil sich jedoch sicher absehen ließ, dass das Konzept keine Akzeptanz beim Publikum finden würde, kam man wieder davon ab.

Die überall herumliegenden Kippen stören das auf die Klarheit des sauberen Nordens geeichte Auge; außerdem beginnen Zigarettenfilter erst nach drei Jahren zu verrotten. In Erkenntnis dessen haben die Kurverwaltungen zumindest **Aschenbecher** geschaffen, die man gegen eine kleine Gebühr kaufen und an den Strand mitnehmen kann. Erfreulicherweise wird von dem Angebot gut Gebrauch gemacht; manche Stammgäste besorgen sich sogar jedes Jahr eine neue Aschkanne und nehmen sie als „Souvenir" mit nach Hause.

Strandkörbe

Während der HS ist es empfehlenswert, den Korb rechtzeitig im Voraus zu bestellen. Zu anderen Zeiten lassen sich die Strandmöbel auch an Ort und Stelle mieten, indem man sich an Strandwärter oder Surfschulen wendet. Kontakte:

- **Wittdün**
Am Badestrand, Vorbestellung bei *Holger Lewerentz,* Tel. 0171-3640029
- **Nebel:** *Nils Randow,* Tel. 0170-2949670
- **Süddorf/Steenodde**
Thorsten Ertel, Tel. 0171-6471602
- **Norddorf**
D. Boyens, Tel. 545; *H. Jannen,* Tel. 2947; *M. G. Martinen,* Tel. 995313. Strandkörbe werden am Textil-, FKK- und an den Hundeständen vermietet.
- Die Strandkörbe **kosten** in allen drei Gemeinden 10 bis 12 € pro Tag bzw. 40 bis 45 € pro Woche.

Unterhaltung

Amrum ist, wie eingangs vermerkt, eine Insel der (relativen) **Stille.** Wer da glaubt, mittels privatem Ghettoblaster an diesem Status etwas ändern zu müssen, wird nicht als Unterhalter, sondern als Störer betrachtet und im Extremfall des Paradieses verwiesen. Denn die große Mehrheit der Amrum-Urlauber hat die Insel aufgesucht, um Abstand zu den unablässigen Lärmkanonaden unserer Zivilisation zu finden.

„Amrum aktuell" gibt wie immer getreulich Auskunft über tägliche Veranstaltungen, Ausstellungen, Ausflugsfahrten, Spiel-, Spaß- und Sportaktionen – kurz, alles, was unterhaltsam ist.

Büchereien

- **AmrumTouristik Nebel, Haus des Gastes,** Mo–Fr 9–12 Uhr und 14–20 Uhr. „Urlaubsbörse Tauschbücher".
- **AmrumTouristik Norddorf,** Di–Fr 9–12 Uhr.
- **Schule Süddorf,** Di und Fr 16.30–18 Uhr.
- **AmrumTouristik Wittdün,** Mo–Fr 9–12 und 14–16 Uhr.

Heiraten

Ist Heiraten „unterhaltsam"? Nun, das wollen wir doch hoffen. Vor allem, wenn das Ja-Wort in Nebels historischem Friesenhaus **Öömrang Hüs** (siehe „Sehenswertes") gegeben wird. Das ist an Samstagvormittagen möglich, und die nötigen Informationen und Termine erfährt man vom Amt Amrum unter der Telefonnummer 94110.

Inselfeste

Das ganze Jahr über ist „gut was los" auf Amrum, vor allem natürlich im Sommer. Zwar werden die heutigen Feste von Sachkennern im Gegensatz zu den früheren als recht „steril" empfunden, aber Spaß bringen sie offenbar immer noch. Regelmäßig (mit kleinen Abweichungen) finden statt:

037am rh

[>] My Strandkorb is my castle!

■ **Hulken:** Inselspezifischer Mummenschanz am Silvesterabend.

■ **Biaken- bzw. Biikebrennen:** Uralter Brauch, der noch auf den Wotanskult zurückgeht und mit dem seit dem Mittelalter Seeleute und Walfänger auf Ausfahrt verabschiedet wurden. (Das friesische Wort bedeutet in etwa „Feuermal" und ist als „Bake" weiterhin im Hochdeutschen präsent.) Am Abend des 21. Februar brennt man die „Biakebonker" (Scheiterhaufen) an den jeweiligen Gemeindeständen ab und lässt gleichzeitig eine große Sause steigen. Die Feste sind auch bei den Touristen sehr beliebt.

Weitere Feste

■ **Amrumer Lammtage** (Norddorf), Anfang Juni

■ **Sonnenwendfeier** (Nebel), Mitte Juni

■ **Molenfest** (Steenodde), Ende Juni

■ **Feuerwehrfest** (Süddorf) Anfang Juli, (Wittdün) Mitte Juli

- **Kindergartenfest** (Norddorf), Mitte Juli
- **DLRG-Strandfest** (Nebel, Wittdün, Norddorf), Mitte Juli
- **Sommer-/Dorffest** (Norddorf), Ende Juli
- **Südspitzenfest** (Wittdün), Anfang August
- **Dorffest** (Nebel), Mitte August
- **Amrumer Muscheltage** (Steenodde), Mitte September

Kino

- Amrums einziges, 2012 neu entstandenes Kino namens **„Lichtblick"** befindet sich in Norddorf: Triihuk 1, Tel. 96200, www.kino-amrum.de. Das Programm ist der Internetseite oder dem Aushang vor Ort zu entnehmen. Platzreservierung und Kartenvorverkauf bis zu einer Woche im Voraus.

Amrumer Ehefreuden

Die Amrumer **Seefahrer,** verheiratet oder nicht, blieben oft jahrelang von zu Hause fort; in den meisten Fällen hatten sie auch gar keine andere Wahl. Dennoch ist auf alten Grabsteinen wiederholt von „vergnügter Ehe" die Rede; wenn der lang vermisste Schatz heimkam, war es halt doppelt so schön – „Absence makes the heart grow fonder", sagt ein englisches Sprichwort sehr treffend. Die meisten Ehen waren, in der heutigen Spaßgesellschaft kaum vorstellbar, trotz der langen Trennungen sehr stabil. Das lag wohl teils an der damals vorherrschenden sittlichen Festigkeit und Disziplin, teils an der eng verwobenen Gemeinschaft, in der man auf der Insel lebte und die mittels des „Dorfauges" verlässlich über die Keuschheit der Strohwitwen wachte. Es gab Ausbrüche aus diesem Käfig, aber die involvierten Frauen wurden, wenn ertappt, sozial geächtet und in eine Rolle nach Art der Effi Briest verbannt.

Eine solche Frau war **Ehlen Tückes.** Sie war ihrem Mann, dem Kapitän **Tücke Knudten** (1776–1804), während dessen neunjähriger (!) Abwesenheit untreu geworden und wurde von dem Heimkehrer verstoßen, als ihm die Sache zu Ohren kam. Nunmehr ohne Tücke, lebte sie allseits verachtet in Nebels „Armenhaus" (dem später abgerissenen Haus Nr. 76), und sorgte 1813 noch einmal für einen prächtigen Skandal, als sie von einem auswärtigen (verheirateten!) Liebhaber ein Kind bekam – jetzt erst recht, sagte sie sich wahrscheinlich.

Eine traurige Geschichte nach damaligen Maßstäben. Lustig ist dagegen zu verfolgen, wie **Tycho Martensen** und **Göntje Peters** an-, von- und erneut aneinander gerieten. Der Heiratskontrakt war schon aufgesetzt, und man wollte, wie seinerzeit üblich, die Verlobung während des Gottesdienstes in der Kirche offiziell besiegeln. Auf dem Weg dorthin gerieten die beiden Brautleute jedoch in heftigen Streit, mit dem Resultat, dass die Verlobung platzte. *Tycho* heiratete 1865 *Ingeline Johannen,* womöglich aus Trotz. Als diese Frau indes 1871 starb, besann sich der Witwer auf seine immer noch ledige Jugendliebe und führte diese ein Jahr später zu froher Copulation (wie man damals sagte) an den Traualtar – Ende gut, alles gut.

Veranstaltungen

Den ganzen „Amrumer Kultursommer" lang finden etwa zehnmal im Monat in allen drei Gemeinden diverse **kulturelle Veranstaltungen** statt, von Shantychorsingen bis zu feinsten Orchesterdarbietungen. Eine Vorschau wird jeweils in „Amrum aktuell" gegeben.

Darüber hinaus läuft den ganzen Sommer immer irgendetwas **Unterhaltsames,** Sportliches. Einzelheiten in „Amrum aktuell/Sportangebote".

Unterkunft

Die Amrumer Herbergen sind überwiegend volksnah und keine Spur von mondän. Es gibt **keine hässlichen Hochhäuser** und auch keine nennenswerte Überbauung. Der Appartement-Komplex „Zur Alten Post" an Wittdüns Südspitze reckt zwar vier poppige Stockwerke in den Nordseehimmel und wird deshalb auch „Keksdose" geheißen. Doch das geschieht eher wohlwollend, und die Keksdose gehört – was soll man machen? – zum akzeptierten Ortsbild.

Die **Preise** für die Unterkünfte sind **in den Gastgeberlisten** in drei „Saisonzeiten (A–C)" eingeteilt, die von den „offiziellen", wie sie z.B. für die Erhebung der Kurtaxe angesetzt werden, zum Teil erheblich abweichen. Sie verschieben sich überdies je nach Lage der Feiertage und Schulferien sogar noch etwas von Jahr zu Jahr. Die genauen Daten gehen aus der jeweiligen Gastgeberliste hervor. Für 2016 gilt: A = 18.6. bis 17.9.; B = 28.2. bis 18.6., 17.9. bis 30.10., 18.12. bis 7.1.17; C = 30.10. bis 18.12. Unbedingt darauf achten, denn die Preise variieren entsprechend. Bei Absprache mit dem Vermieter stelle man klar, dass man auch in die richtige Kolumne geraten ist und insofern Übereinstimmung herrscht.

Die **Preise der nachfolgend genannten Hotels** liegen allesamt über 100 € pro Doppelzimmer (DZ) in der Hauptsaison (Kategorie A).

Hotels

Saisonale Preisabstufungen gibt es bei den meisten Hotels nicht, bzw. nur auf Nachfrage. Man frage immer nach Rabatten und speziellen Vor- und Nachsaison-Angeboten, v.a. bei längerem Verbleib. Bei der Auflistung unten bedeutet ein „K" hinter dem Hotelname, dass die Kurabgabe im Preis enthalten ist.

Wittdün

■ **Vitalhotel Weiße Düne** (K)
Inselstr. 59, Tel. 940000, www.weisse-duene.de
Moderner Komplex mit Hallenbad, Sauna und Solarium. Separates Gästehaus mit Ferienwohnungen.

Steenodde

■ **Inselhotel Kapitän Tadsen**
Stianoodswai 17, Tel. 94240,
www.inselhotel-tadsen.de
Hier logiert man ruhig unter Reet. Direkt am Wattenmeer gelegen.

038amfh

Nebel

Ekke Nekkepenn (garni) (K)
Waasterstigh 19, Tel. 94560,
www.ekkenekkepenn.de
Appartements, Suiten, Einzelzimmer. Achtung: abweichende Saisonzeiten.

Hotel-Restaurant Friedrichs (K)
Uasterstigh 18, Tel. 94970,
www.hotel-friedrichs.com
Historisches, über 100 Jahre altes und in Familienbesitz befindliches Haus mitten im Ort.

Norddorf

Hotel Anka (garni) (K)
Neistich 8–10, Tel. 736, www.anka-amrum.de
Gemütliches, kleines Haus mit modernem maritimem Ambiente.

Letj briis – Amrum für die ganze Familie
Degelk 7, Tel. 9983401, moin@letj-briis.de
Hotelzimmer und Ferienwohnungen.

Hotel-Pension Meeresbrise (K)
Dünemwai 14, Tel. 9614970,
meeresbrise-amrum@t-online.de
Hotel in strandnaher Dünenrandlage für Alleinreisende, Paare und Familien.

Mein Inselhotel (K)
Madelwai 4, Tel. 94500, www.mein-inselhotel.de
Zentral, aber ruhig gelegen. 10 Min. zum Strand.

Hotel garni Michaelsen
Bräätlun 6, Tel. 94160, www.hotel-michaelsen.de
DZ und Ferienwohnungen am Wattenmeer. Mit Sauna und Solarium.

☒ Schönes Inselhaus

„Tod auf Amrum“: Tote Hose

1998 wurde auf Amrum ein spannender **TV-Krimi** gedreht. Thema: „Die polnische Mafia macht sich auf der Insel breit. Daraufhin entpuppt sich der Urlaub für Familie Spiekermann als Albtraum“. Der Film für die Fernsehzuschauer anschließend allerdings auch. „Tödlich langweilig; nur strümpfestrickenderweise zu ertragen“, urteilte ein Amrumer. Und: „Warum bin ich bloß nicht bei meiner Steuererklärung geblieben?“ stöhnte ein anderer. Immerhin: Bei den Dreharbeiten gab's einiges zu lachen, heißt es; die Insulaner denken gern an einige herzerfrischende Pannen zurück.

Landhaushotel „Pension F. Flor“
Ual Saarepswai 11, Tel. 94310, info@pension-flor.de
Großes reetgedecktes Haus mit EZ und DZ. Frühstücksbuffet mit Vollwertkost.

Hotel Pidder Lyng
Bideelen 5, Tel. 94440, www.pidderlyng.de
Zimmer und Appartements. Sauna und Solarium.

Romantik-Hotel Hüttmann (K)
Ual Saarepswai 2–6, Tel. 9220,
www.hotel-huettmann.com
Das Hüttmann ist ein Haus mit Geschichte. Es entstand aus der alten Norddorfer Schule, die der Altonaer Eisenbahnsekretär *Heinrich Hüttmann* 1892 für 1500 Mark erwarb und zu einer der besten Nobelherbergen der Nordseeküste entwickelte. Weiterhin in Familienbesitz. Ruhig und zentral gelegen. Zimmer, Suiten, Appartements, Ferienwohnungen. Sauna, Solarien, Whirlpool. Restaurant, Bar und Café-Bistro.

■ Hotel Seeblick
Strunwai 13, Tel. 9210, www.seeblicker.de
Zimmer und Ferienwohnungen. Pool, Sauna, Solarium, Tennishalle, Tagungsräume, Restaurant.

■ Ual Öömrang Wiartshüs
Bräätlun 4, Tel. 9614500 und 836, www.uoew.de
Reetdachhaus im alten Ortsteil am Wattenmeer. DZ und Ferienwohnungen. Mit Sauna und Solarium.

Pensionen

Gerade mal elf Häuser dieser Kategorie gibt es auf der Insel. Die **Zimmerpreise** beginnen ab etwa 50 €. Bei allen Pensionen ist das Frühstück im Preis inbegriffen, bei fast allen sogar die Kurabgabe.

Gästezimmer

„Zimmer in Privathäusern", wie sie offiziell genannt werden, sind mit Abstand die **preiswerteste Kategorie.** Es gibt eine ganze Anzahl von ihnen, und sie sind alle ganzjährig beziehbar. Fast alle weisen überdies das ganze Jahr über den gleichen Preis auf. Mit 18 € pro Einzelzimmer (EZ) ist man bei einigen schon dabei, allerdings ohne Frühstück. Für Kaffee und Brötchen muss man schon mal einen Fünfer extra anlegen oder sich, wie oft möglich, selbst bekochen.

Ferienwohnungen

Die „Fewos" bilden die ganz **große Masse der Amrumer Unterkünfte.** In Wittdün allein gibt es so viele, dass man sich wundert, wo sie in dem kleinen Ort alle unterkommen. Generell gilt für Fewos, dass man wie immer und überall die

⟩ Schullandheim Ban-Horn bei Norddorf

Bettenzahl mit dem Preis in eine Relation bringen muss. Man kommt dann auf Pro-Nase-Basis womöglich ganz gut davon. Auch sollte man schon mal einen Blick auf die Abbildungen der Fewos in der Gastgeberliste werfen. Manche sind trotz lobpreisender Texte nämlich nicht gerade kuschelig.

Heime/Kurkliniken

Amrum ist die „Insel der Heime", und das seit 1890, als der Pastor *Bodelschwingh* in Norddorf sein erstes „Seehospiz" etablierte. Da gibt es die **AOK-Nordseeklinik für Mutter und Kind** (Norddorf, Tel. 370, www.aok-nordsee-

2016-003 rh

klinik.de) und das **Münsterhaus** des DRK in Wittdün (Tel. 330). In Nebel befindet sich die **Kinderfachklinik Satteldüne** (Tel. 340, www.sattelduene.de), in der Jungvolk von 1 bis 16 Jahren einschließlich einer Begleitperson aufgenommen wird. (Die Aufenthalte von Mutter und Kind können durch die Krankenkassen finanziert werden.)

Außerdem gibt es in Nebel das **Schullandheim Honig-Paradies** (Tel. 2349, www.honigparadies.com), welches Jugendgruppen auf VP-Basis (um 16 €) aufnimmt, und in Norddorf das **ADS-Schullandheim Ban-Horn** (Anmeldung Tel. 0461-869319, http://banhorn.ads-rantum.de).

Jugendherberge und Jugendzentrum

Die **JH Wittdün** (Mittelstraße 1, Tel. 2010, www.jugendherberge.de) liegt 10 Fußminuten vom Fähranleger direkt am

039am rh

Strand. Das Haus hat 212 Betten, acht Tagesräume, zehn Familienzimmer und ist außer im Dezember ganzjährig geöffnet. Schriftliche Anmeldung und Bestätigung sind erforderlich. Belegungsinformationen sind auch über den Landesverband Nordmark erhältlich (Tel. Hamburg 040-6559950, service@djh-nordmark.de).

Das **Amrumer Jugendzentrum** (JuZ, Tagesstätte) in Nebel heißt junges Volk ab neun Jahre willkommen. Es befindet sich beim Sportplatz an der Mühle, Tel. 968157 (geöffnet Mo–Do 14–18 Uhr, Fr 14–21 Uhr, Sa/So und an Feiertagen geschlossen).

Camping

Der **Campingplatz Amrum** der Familie *Schade* (Tel. 2254, www.amrum-camping.de) befindet sich am westlichen Ortsausgang von Wittdün und geht zum Teil in den angrenzenden Dünen auf. Zum Strand sind es nur ein paar Gehminuten, nahebei sind auch das Schwimmbad und der Leuchtturm. Das Areal ist 2,5 Hektar groß und bietet Platz sowohl für Zelte als auch für Wohnwagen/-mobile. Restaurant (geöffnet vom 15.3. bis 15.10.), Kneipe und Kiosk/Imbiss (1.5. bis 30.8.) sind angeschlossen, sogar für Frühstücksbrötchen ist gesorgt. Zelten ist jederzeit ohne Anmeldung möglich; Wohnwagen und -mobile sind jedoch schriftlich anzumelden (Campingplatz, 25946 Wittdün).

Ein **FKK-Campingplatz** für ca. 175 Zelte befindet sich unterhalb des Leuchtturms. Adresse im Sommer: DFK-Zeltplatz Großdün, 25946 Wittdün, Tel. 2408; im Winter: DFK-Geschäftsstelle, Ferdinand-Wilhelm-Fricke-Weg 10, 30169 Hannover, Tel. 0511-1268-5500, www.fkk-amrum.de. Siehe auch unter „FKK" im Abschnitt „Strände".

☐ Vor der Jugendherberge

Die Natur | 123
Inselgeschichte | 102

052am rh

4 Geschichte und Natur

< Holz für den Dünenschutz

Inselgeschichte

Amrum – der Name

Historiker vermeinen, dass Amrum wohl ursprünglich „sandiger Rand" bedeutete. Schon möglich. Da aber überall im Friesischen das **Anhängsel -um** für „-heim" steht – im benachbarten Föhr ummt es sich ganz gewaltig – , stimmt es verwunderlich, dass Amrum insofern die einzige Ausnahme sein sollte. Auf den Kniepsand kann sich das Wort auch kaum beziehen, denn der, wie eben gelesen, ist ja erst seit etwa 200 Jahren Teil der insularen Küste. Außerdem war die Insel früher als **„Ambrum"** bekannt, weil in ihrem Bereich der nordgermanische Stamm der Ambronen zu Hause war. Die Frage ist nur, wer oder was zuerst da war: das Ei oder das Huhn, der (von wem benannte?) Sandrand oder die Ambronen? Nur eines ist absolut sicher. Nämlich dass Amrum keineswegs, wie manchmal (nicht ganz ernsthaft) spekuliert wird, etwas mit Rum zu tun hat.

Besiedlung

Es war wohl die Lagestabilität der Insel und die Nachbarschaft reicher Fischgründe, die schon vor 5000 Jahren **steinzeitliche Siedler** nach Amrum zog, das damals noch mit dem Festland verbunden war und auch weit in den Westen reichte. Sie kamen aus Jütland und hinterließen diverse Spuren, die, wie vorstehend vermerkt, wenn auch sehr dünn, noch heute zu bewundern sind. In der **Bronzezeit,** ab 1600 v. Chr., wanderten neue Völker in den nördlichen Siedlungsraum ein, diesmal von Süden, und

▷ Schönes Inselhaus

vermischten sich mit den alten. Als dies in der **Eisenzeit,** ab 500 v. Chr., vollzogen war, machte alles wieder eine Kehrtschwenkung, um sich mit den Römern zu hauen.

Um die Zeitenwende waren scheinbar wieder die **Jüten** auf Amrum anzutreffen. Doch schon wenige Generationen später fand erneut eine starke Abwanderung statt, dieses Mal in Richtung Westen. Die Aussiedler, es handelte sich um die **Angeln** und die **Sachsen** (aus anderen Landesteilen), fanden auf der britischen Insel eine neue Heimat und gaben

603am rh

ihr den Volksnamen Angelsachsen. In das entstandene Vakuum auf Amrum zogen zunächst **Wikinger** und dann, um die erste Jahrtausendwende, die Friesen ein.

Die **Friesen** kamen ursprünglich aus dem niederländischen Raum und wurden nach einer eingänglich erfolgreichen Siedlungsphase an der südlichen Nordsee zum Teil von den ihnen feindlich gesinnten Sachsen vertrieben; manche sträubten sich auch gegen die im Gange befindliche Christianisierung. Sie ließen sich auf den nordfriesischen Inseln nieder, die den Asylanten ihren Namen verdanken. Doch von einem „rein friesischen" Gebiet konnte nie die Rede sein. Ambronen, Angeln, Cimbern, Teutonen, Jüten, Wikinger, alles war schon mal dagewesen, bevor die Friesen kamen, und alles vermischte sich fröhlich zum Multikulti.

Erste Erwähnungen

Anno 1231 taucht Amrum erstmalig im sogenannten **Erdbuch des dänischen Königs Waldemar II.** dokumentarisch auf, denn ein Teil des nordfriesischen Archipels (und zwar das Sylter Listland, West-Föhr und Amrum) gehörte damals zum Königreich Dänemark. (Und blieb es auch lange – erst nach dem preußisch-dänischen Krieg von 1864 wurden diese Gebiete deutsch.) Wie viel Siedlung im 13. Jahrhundert vorhanden war, ist heute unerfindlich, wenn auch waldemarsche Steuerforderungen auf eine gewisse Bevölkerungsdichte hindeuten. Immerhin existierte aber bereits zu diesem Zeitpunkt **Amrums erste Kirche,** die St. Clemens, und zwar als Außenposten von Föhr seit etwa 1200. Sie muss ziemlich einsam in der Walachei gestanden haben, denn der Ort Nebel, dessen Mittelpunkt sie heute bildet, wurde erst Anfang des 16. Jahrhunderts gegründet.

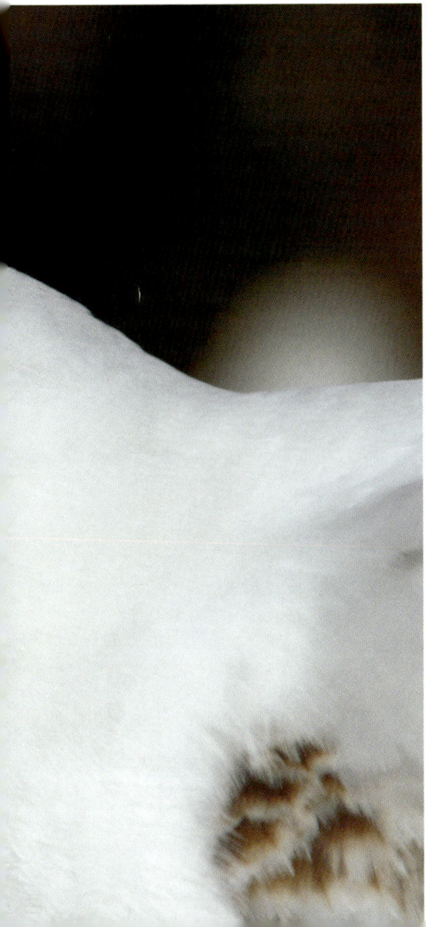

mo pr

Die **Insulaner** engagierten sich in der Fischerei, sammelten Austern und versuchten sich in karger Landwirtschaft; außerdem wurde die Salzsiederei sehr intensiv betrieben. Dadurch kam einiges Geld in die Kasse. Gleichzeitig entstand durch den Abbau des salzhaltigen Torfs aber auch erheblicher Schaden an der Wattentopografie, der zu Bodensenkungen in der Küstenregion und in der Gesamtbilanz also eher zu einem Negativposten führte.

Im Bereich von **Süddorf** und **Norddorf** gab es wahrscheinlich schon zu einem sehr frühen Datum Siedlungen, wenn auch nicht unbedingt übereinstimmend mit der Lage der heutigen Ortschaften, deren Kerne womöglich im 13. Jahrhundert entstanden. Dokumentarisch erstmalig erwähnt wurden beide Orte im Jahre 1464. Nach diesem Datum hört man von Amrum für etwa 200 Jahre so gut wie gar nichts mehr.

< Möwen sind überall vertreten

Seefahrer und Abenteurer

Walfang-Ära

Als Abkömmlinge einer Insel, auf der sich nicht viel holen ließ, waren die Amrumer schon früh dazu prädestiniert, als Seefahrer ihr Brot zu verdienen oder auch auszuwandern und in der Ferne ihr Glück zu machen. Doch zunächst brach gegen Mitte des 17. Jahrhunderts das **goldene Zeitalter** des Walfangs an. Ein paar Dekaden zuvor hatten die Holländer die unerschöpflich erscheinenden Jagdgründe des hohen Nordens entdeckt, und jetzt begann die Hatz auf den Wal, dass das Blut nur so spritzte.

Die **Niederländer** waren auf das Reservoir tüchtiger Mannschaften auf den nordfriesischen Inseln schnell aufmerksam geworden, zumal man sich mit diesen Menschen in einer eng verwandten Sprache verständigen konnte. Bald gingen ganze **Amrumer (und Föhrer) Familienclans** frohgemut auf „Grönlandfahrt", die insofern etwas fehlbenannt war, als das Fanggebiet (jedenfalls anfänglich) bei Spitzbergen lag.

Viel war für das Fußvolk allerdings auch bei guter Beute nicht zu verdienen, denn die Holländer hielten ihre Reichstaler zusammen und zahlten nur **bescheidenen Lohn.** Später gelang es aber einer Anzahl von Insulanern, selbst zu „Kommandeuren" emporzusteigen, wie die Walfangkapitäne hießen, und zu stattlichem Verdienst und einigen Lorbeeren zu kommen. Viel mehr Männer jedoch gingen in Stürmen unter, wurden vom Wal erschlagen oder „blieben im Eis", wo sie erbärmlich erfroren. Dieserart gelangten ein paar Amrumer Familien zwar zu einigem **Wohlstand,** doch bei anderen zog das **Elend** ein. Als die Fanggründe gegen das Jahr 1770 fast leergejagt waren, wurden auf Amrum wieder überall kleine Brötchen gebacken.

Gefährliche Seefahrt

Der selten gewordene Wal zwang die **Amrumer Männer** gegen Ende des 18. Jahrhunderts, erneut als schlichte Janmaaten zur See zu fahren. Zahlreiche In-

sulaner brachten es auch zu höheren Positionen; sie wurden Steuerleute, Lotsen und Kapitäne und genossen als solche bei allen Schifffahrt treibenden Nationen und selbst bei exotischen Reedern einen hervorragenden Ruf.

Die **Verlustrate unter den Seeleuten** war dennoch haarsträubend hoch und mit kriegsähnlichen Verhältnissen vergleichbar. Immer wieder ist in alten Kirchenbüchern und anderen Amrumer Aufzeichnungen nachzulesen, wie dieser oder jener Seemann ums Leben kam: Bei Kap Horn aus dem Mast gefallen, vor New York über Bord gespült, in Shanghai am Gelben Fieber gestorben (eine der häufigsten Todesursachen), im Hafen von Triest ertrunken (die allerwenigsten Seeleute konnten schwimmen), irgendwo in kaum bekannten Häfen erschlagen, in fernen Meeren versunken, im Nichts verschollen. Bei der Heimkehr vom Walfang kamen 1744 gleich 64 Insulaner praktisch auf der Haustürschwelle in einem Herbststurm um, für Amrum eine Tragödie von unermesslicher Dimension.

Denn die **Hinterbliebenen** wurden durch den Verlust ihrer Ernährer in der Regel in tiefste Not versetzt. Soziale Absicherungssysteme gab es überhaupt nicht und Nachbarschaftshilfe in wenig nennenswertem Maße – man hatte ja selbst nicht viel. Noch im Jahr 1888 notierte der Pastor *Bodelschwingh* in Norddorf bestürzt, er „habe noch nirgendwo auf der Welt ein Dorf mit so vielen Witwen und Waisen angetroffen“. Nicht nur waren zahllose Männer auf See „geblieben“ und andere ausgewandert. Auch die Müttersterblichkeit hatte im Zeichen fehlender medizinischer Betreuung ihre Spuren hinterlassen. Amrum muss auf den Geistlichen den Eindruck erweckt haben, dass es im Aussterben begriffen war.

☐ Kleiner Anfang der Wyker Dampfschiffs-Reederei

Krieg und Auswanderung

In den Jahren 1848–50 kam es zur sogenannten schleswig-holsteinischen Erhebung **gegen Dänemark;** Amrum wurde von dem Geschehen jedoch so gut wie nicht betroffen. Auch als Österreich und Preußen 1864 dem Großdänischen Reich den Krieg erklärten, blieb Amrum von Kampfhandlungen verschont. Im Mai jenes Jahres war noch eine dänische Garnison auf der Insel stationiert, doch im Juli flatterte bereits die österreichische (!) Fahne über den Dünen, und der Krieg war zu Ende.

Der nächste Krieg ließ indes nicht lange auf sich warten. 1870 ging's forsch **gegen Frankreich,** und da die Amrumer inzwischen Preußen geworden waren, fielen auch sie der Aushebung anheim und mussten für eine Sache kämpfen, die sie nicht als die ihre betrachteten.

Vor allem um dem ungeliebten Militärdienst zu entgehen, begannen die Amrumer bald darauf, in Scharen **auszuwandern** – nun, sofern man bei einer Gesamtbevölkerung von 657 Köpfen (1885) von einer Massenbewegung sprechen kann. Die meisten gingen nach

Hark Olufs – Abenteurer par excellence

Der Protagonist dieser kleinen Erzählung erblickte als Sohn des Kapitäns *Oluf Jensen* am 19. Juli **1708** in Süddorf das Licht der Welt. Schon mit zwölf Jahren, damals nichts Unübliches, zog es den Knaben zur See. Dass der Vater Reeder von drei Schiffen war, dürfte die Sache vereinfacht haben.

Im Jahre 1724 war *Hark Olufs* mit der väterlichen „Hoffnung" im Ärmelkanal unterwegs, als das Schiff von **türkischen Piraten** angegriffen wurde. Obwohl das Fahrzeug mit 14 Kanonen bestückt war, fiel es als leichte Beute an die Korsaren, die mit ihrer Artillerie offenbar besser umzugehen verstanden als die Handelsschiffer.

Unter den Gefangenen befanden sich nicht nur Oluf Jensens Sohn, sondern auch seine Neffen *Hark* und *Jens Nickelsen*. Die Amrumer wurden nach Algier geschafft und dort **als Sklaven verkauft.** Allerdings blieb den Verwandten in der Heimat die Möglichkeit erhalten, ihre Lieben gegen Lösegeld freizukaufen. Ein Netzwerk aus feinen Fäden existierte, den kommunikativen Gegebenheiten der damaligen Zeit entsprechend, an denen nicht nur die Kidnapper selbst, sondern auch diverse Mittelsmänner beteiligt waren. So wurde *Hark Nickelsen* nach drei Jahren Gefangenschaft durch Portugiesen ausgelöst, die an dem Handel bestimmt ein schönes Zu-

brot verdienten. Auch den alten *Oluf Jensen* ereilte die Nachricht, dass sein Sohn am Leben war, und bereitwillig zahlte er das **Lösegeld.** Aber ach, der Freigekaufte erwies sich als Person ähnlichen Namens (Ohloff) aus Bremen. Von *Hark Olufs* war in den nächsten Jahren nichts mehr zu hören.

Offenbar verzehrte er sich auch nicht vor Sehnsucht nach der kühlen Heimat. Für den zunächst Maulbeerblätter pflückenden Sklaven sollte es sich nämlich zu einer erstaunlichen Karriere fügen. Der Bey von Constantine, „ein Herr im hohen Alter, von hitzigem Sinn und guter Kriegserfahrenheit", hatte Gefallen an dem Gefangenen gefunden und ihn an seinen Hof geholt. Dort lernte der junge Mann rasch die Sprachen Türkisch, Arabisch und Französisch. **Er stieg auf** zum Schatzmeister, Steuereinnehmer, Leibwächter und Kavalleriekommandeur, reiste sogar nach Mekka (ohne, angeblich, zum Islam zu konvertieren) und als Cicerone für eine prospektive Braut des Königs von Marokko nach Fès. Erst als sein Schirmherr mit 95 Jahren dem Ende nahte, scheint es *Hark Olufs* mulmig geworden zu sein, denn „der grosse Kriegesheld" (so sein Grabstein) hatte nicht nur Freunde unter den Moslemen. Nach zwölfjähriger Verbannung machte sich *Hark Olufs* als reicher Mann auf den Weg nach Hause, begleitet von den warnenden Abschiedsworten seines Gönners: „Nimm dich in acht vor starkem Getränk und vor Frauensleuten!"

016am rh

Anno **1736** landete der Abenteurer auf dem Weg über Marseille, Lyon, Paris und Hamburg **wieder auf Amrum** an, zur riesigen Freude seines Vaters, der jahrelang von hoher Warte (heute „Olufs-Düne", beim Leuchtturm) über die Nordsee gespäht hatte, in der Hoffnung, dass der Sohn herangesegelt käme. Jetzt war er da, und sogar in einer prächtigen türkischen Generalsuniform! Die Warnung vor den Frauensleuten schlug der immer noch junge Mann als erstes in den Wind und vermählte sich mit *Antje Harken.* Die Ehe war mit fünf Kindern gesegnet. *Hark Olufs* verstarb schon relativ früh (1754) im Alter von 46 Jahren, seine Witwe wurde dagegen sehr alt.

In der Seefahrtsliteratur existieren **diverse Lebensläufe** *Hark Olufs',* die seine Abenteuer blumig ausschmücken. Unter Janmaaten war es ja üblich, Erlebnisse ein wenig auszuspinnen, und *Hark Olufs* bildete da bestimmt keine Ausnahme. Der Umstand, dass er in Nebels St.-Clement-Kirche (sehr zum Ärger des Pfarrers) stets mit seiner glänzenden Uniform einherstolzierte, ist wohl ein Beweis dafür, dass Aufschneiderei ihm nicht ganz fern lag …

Eine permanente Ausstellung zum Thema Hark Olufs ist im Naturzentrum Norddorf (Strunwai 31, Tel. 1635) zu sehen.

Amerika, wo die Expatriaten noch heute eine große und eng zusammenhängende Gemeinde bilden, die mehr Köpfe zählt als Amrum selbst. Andere zog es nach Australien, Südafrika und Lateinamerika. Kein klassisches Einwanderungsland der damaligen Zeit ohne seine Amrumer. Die Nordsee-Insulaner waren im amerikanischen Sezessionskrieg (auf beiden Seiten) dabei, sie gruben auf den australischen Goldfeldern (zumeist wenig erfolgreich) nach Nuggets, und sie klommen als Schiffbrüchige und Achteraussegler („Fahnenflüchtige" im zivilen Sinn) an allen Gestaden der Welt an Land. Einer von ihnen machte sogar einem chinesischen Mandarin seine Aufwartung, und ein anderer fuhr als Kapitän in den Diensten des Sultans von Sansibar.

Aber zahlreiche Wegfahrer zog es nach langen Jahren in der Fremde **wieder auf ihre Nordseeinsel zurück.** Denn dort, „bi Moder", war's nach all den Verlockungen der Ferne dann doch am besten. Einer von diesen Gemütsmenschen, *Nanning Petersen,* blieb fast 30 Jahre fort, Frau und Kind unversorgt zurücklassend, und tauchte fröhlich, als wäre nichts gewesen, plötzlich wieder auf, um den gütigen Vater und Ehemann zu spielen. Er starb ein Jahr später und hinterließ einen versteckten Hort von 35.000 Goldmark, den seine Witwe nur durch Zufall fand …

Strandjer

Seit alters war die Losung „Gott segne unseren Strand!" unter den Anrainern der Nordsee die gültige Devise, wenn es darum ging, **sich durch verunglückte Schiffe an der Küste ein schönes Zubrot zu sichern.** Denn wer „auf Strand" ging, der hatte Pech gehabt und fiel dem Plünderungstrieb und der Habgier der „Strandjer" anheim, die sich zumeist den Teufel um das Schicksal der schiffbrüchigen Seeleute scherten.

Amrum ist insofern **strategisch günstig gelegen,** als sich der meiste Seeverkehr zwischen dem Atlantik und der Ostsee bzw. dem südwestlichen Skandinavien an der Insel vorbeibewegen muss. Nach den deutschen Nordseehäfen bestimmte Schiffe gerieten ebenfalls oft in diese Gefilde, und viele wurden bei den vorherrschenden auflandigen Winden Opfer der vorgelagerten Sände.

„**1798:** Den 28. Januar nachmittags kamen hier 11 Seefahrer an, nackt und bloß. Ihr Dreimastschiff, von Christiania, war in der Brandung gesunken. Die Frau des Kapitäns, eine Dienstmagd, und der Schiffsjunge waren ertrunken. Das mit Wein beladene Schiff war von Bordeaux nach Bremen bestimmt."

Aus Amrumer Annalen

Als mit Anbruch des 19. Jahrhunderts das Verkehrsaufkommen immer höher wurde, mehrten sich auch die Strandungsfälle in einem Maße, dass die Amrumer alle Hände voll zu tun hatten, die Beute am Strand zusammenzukarren. Damit dieses Tun nicht kriminell ausartete, musste ein **Strandvogt das Geschehen überwachen.** Er hatte dafür zu sorgen, dass das Strandgut ordnungsgemäß gesammelt und für die spätere Verteilung an Staat, Berger und Schiffseigner sicher gelagert wurde.

Verschollen mit der „Mary Celeste"

Der Fall der **amerikanischen Brigg** „Mary Celeste" ist einer der rätselhaftesten in der Geschichte der Seefahrt und bis auf den heutigen Tag ungeklärt. Selbst Hypothesen wie eine Invasion von Außerirdischen haben für die mysteriösen Vorgänge an Bord des Schiffes herhalten müssen, und auch das Bermuda-Dreieck fand, versteht sich, inhaltsschwere Erwähnung. Doch diese „modernen" Spekulationen wurden erst viele Jahre nach dem Vorfall angestellt.

Der Segler lief am **7. November 1872** von New York mit einer für Genua bestimmten **Ladung von 1700 Fässern Rohalkohol** aus. Kapitän war *Benjamin S. Briggs,* ein tüchtiger und gottesfürchtiger Seemann; mit an Bord befand sich seine Frau samt Kleinkind. Die beiden Steuerleute und der Koch waren gleichfalls Amerikaner, während die vier Matrosen aus deutschen Landen stammten, darunter zwei von der Insel Föhr und einer, *Arian Martens,* aus Süddorf auf Amrum. Aus Eintragungen in den Kirchenbüchern von Süderende auf Föhr geht zudem hervor, dass ein weiterer Föhrer Matrose, *Riewert Arian Peters,* im Begriff gewesen war, auf der „Mary Celeste" anzumustern, doch in letzter Minute krank wurde und nicht mitfuhr – falls wahr, ist es eines dieser kleinen Wunder, die im Transportwesen immer wieder geschehen.

Am **4. Dezember** sichtete die ebenfalls amerikanische Bark „Dei Gratia" östlich der Azoren die „Mary Celeste". Das seltsame Aussehen des Seglers veranlasste *Kapitän Morehouse,* ein Boot zur Untersuchung hinüberzuschicken. Dabei stellte sich heraus, dass sich kein Mensch auf dem Geisterschiff befand – die Besatzung hatte das Fahrzeug offenbar in großer Eile verlassen.

Unter Steuermann *Oliver Deveau* wurde die „Mary Celeste" nach Gibraltar eingebracht und der dortigen Admiralität als Bergungsfall überstellt. Diese Aktion war der Auslöser einer Lawine von **Mutmaßungen und Verdächtigungen,** die, genährt von der fruchtbaren Fantasie des britischen Untersuchungsrichters *Flood,* sich zuletzt ins Uferlose steigerten. Von Mord, Totschlag, Meuterei, alkoholischen Ausschweifungen, Meeresungeheuern und Versicherungsbetrug war die Rede – ein gefundenes Fressen für den internationalen Zeitungsmarkt, der Fakt und Fiktion immer weiter vermengte, bis beides nicht mehr zu trennen war.

Neuen Zündstoff erhielt die gerade verebbende Affäre, als sich **Conan Doyle,** der berühmte Autor von „Sherlock Holmes", 1883 des (von ihm fehlbuchstabierten) Falls „Marie Celeste" annahm und ihn mit noch mehr Legende verquirlte. An seine (völlig fiktive) Version, nach der ein weißenhassender Mulatte die ganze Crew umbrachte, glauben manche Amrumer und Föhrer heute noch, vielleicht weil das Bild des „bösen Negers" eigenen Anschauungen entgegenkommt.

Nüchternere Köpfe sind der Ansicht, dass die Ladung der „Mary Celeste" wahrscheinlich **alkoholische Dämpfe** entwickelte; mehrere Fässer waren nachweislich ausgelaufen. Womöglich kam es sogar zu einer Verpuffung. Das beunruhigende Geschehen veranlasste die Besatzung offenbar, vom Beiboot aus die weitere Entwicklung abzuwarten. Dabei kam das Boot aus Versehen los, und die Brigg segelte unbemannt davon. Das winzige Bötchen fiel alsbald dem Atlantik zum Opfer. So mag's gewesen sein. Vielleicht waren's ja doch Außerirdische. Genaues wird man nie erfahren. Der Fall „Mary Celeste" bleibt weiterhin eines der ganz großen Mysterien der See.

Wer sich dagegen sträubte und auf eigene Faust handelte, den konnte er einsperren. Das kam auch oft genug vor. 1816 saßen nicht weniger als 27 Amrumer im Zusammenhang mit der Strandung der englischen Brigg „Emolous" **wegen Strandräuberei im Knast.** Auch die Fürsprache des Inselpastors zugunsten eines der Missetäter, der sich mit „großer Mildtätigkeit gegenüber den Witwen und Waisen, deren hier auf dem Lande so viele sind" verdient gemacht hatte, half nichts – *Jacob Nahmens* ging hinter Gitter. Und noch 1873 wurden zwei Frauen wegen „Strandraubs" zu einer Gefängnisstrafe, abzusitzen in Nieblum auf Föhr, verurteilt – sie hatten heimlich ein paar Schiffsplanken mitgehen lassen und entgegneten auf eine Forderung nach Rückgabe keck, „sie däch-

Rettung und Bergung

053am rh

ten gar nicht daran". Das war Ambronisch reinsten Wassers.

Berger und Retter

Des einen Tod, des anderen Brot. Schon im frühen 19. Jahrhundert spezialisierten sich unternehmensfreudige Amrumer darauf, nicht mehr einfach Treibgut aufzuklauben, sondern mittels geschickter Techniken **die auf Strand gegangenen Schiffe wieder flott zu machen** und den Bergelohn zu kassieren. Der Urvater dieser Berger war *Volkert Hinrich Quedens,* der 1808 erstmalig als „Sandvogt" von sich reden machte. Sein Enkel *Volkert Martin Quedens,* 1844 geboren, führte die einträgliche Tätigkeit fort und stieg zum „Bergungskönig von Amrum" auf. Der Quedens-Clan hatte immer gut zu tun. Die Zahl der Schiffe, die in den folgenden Dekaden und weit bis ins 20. Jahrhundert hinein vor Amrum zu Bruch gingen, ist erschreckend; insgesamt ereigneten sich in diesem kurzen Zeitraum mindestens 100 Havarien. Zu manchen Jahreszeiten kam es in annähernd wöchentlichen Abständen zu Unfällen, manchmal mehreren an einem einzigen Tag, von denen die meisten dokumentiert sind und dramatischen Lesestoff abgeben. (Manchmal tauchen Wrackreste aus alter Zeit noch heute auf, so der Kiel des 1929 vor Norddorf gesunkenen Dampfers „Helene" oder vereinzelte Schamottsteine aus einem Wrack von 1872.)

Bei fast allen Schiffbrüchen waren die Bergungsfachleute verlässlich zur Stelle, und sie waren zumeist erfolgreich. Sowohl als Berger als auch als **Retter.** Denn irgendwann, bereits zu Beginn des 19. Jahrhunderts, besannen sich die Amrumer offenbar darauf, dass sie selbst Seeleute waren und halfen ihren in Not geratenen Kollegen recht freimütig und oft unter Einsatz des eigenen Lebens. Durch die Gründung der Deutschen Gesellschaft zur Rettung Schiffbrüchiger im Mai 1865 wurden diese Aktivitäten weiter intensiviert; der Amrumer Station allein, die wegen der häufigen Strandungen mehr als alle anderen zu tun hatte, verdanken Hunderte von Seefahrern ihr Leben.

Gute Geschäfte

Die Einführung des vollzeitlichen Rettungswesens war natürlich kein Hinderungsgrund, die Bergungsaktionen wie zuvor weiterzuführen. (Das Strandvogtsystem wurde erst 1990 abgeschafft – nach 700 Jahren!) Durch zahlreiche gelungene „Abbringungen" floss ganz schön Geld auf die Familienkonten. 2000 Mark als **Bergelohn** galten im 19. Jahrhundert als Peanuts; bei lukrativen Einsätzen wurden bis zu 40.000 Mark bewegt. Man stelle das in eine Relation zum durchschnittlichen Preis für ein Haus auf Amrum zu jener Zeit: 1500

Allzeit bereit: die DGzRS

Heute ist der **DGzRS-Seenotkreuzer „Ernst Meier-Hedde"** mit seinem Tochterboot „Lotte" ständig im Wittdüner Tonnenhafen stationiert, nachdem über lange Jahre hinweg nahe des früheren Kniephafens und später in Norddorf ein Rettungsruderboot in Bereitschaft lag und zu zahllosen Einsätzen kam. Dieses Boot musste damals jedesmal mühsam in die See gezogen werden; die „Ernst Meier-Hedde" ist heute innerhalb von drei Minuten auslaufbereit. Und nicht nur sind die DGzRS-Schiffchen der Berufsseefahrt willkommene Helfer, wobei sogar schon W.D.R.-Fähren in Eisbedrängnis und schwach motorisierte Fischkutter an den Haken genommen wurden. Auch Rettungen von Wattwanderern, Seglern, Kranken und selbst Hochschwangeren stehen zu Buch. Und alles das wird nur von privaten Spenden finanziert und weitgehend ehrenamtlich betrieben. Dafür kann man schon mal einen anerkennenden Euro in eines der Sammelschiffchen der DGzRS (**Deutsche Gesellschaft zur Rettung Schiffbrüchiger,** gegründet am 29. Mai 1865) fallen lassen, die überall vertreten sind.

01_052AM rh

Mark. Und die Schiffe wurden immer größer und teurer.

1901 ging es bei der **Abbringung des spanischen Frachters „Basturia"** um 126.000 Mark, das war kein Kleinkram mehr. (Die Sandbank vor Norderkniep, wo der Dampfer strandete, heißt seither „Spanjer Rag", befindet sich heute aber weit nördlich von der damaligen Position.)

Doch schon zu diesem Zeitpunkt hatten die Amrumer im Bergungsgeschäft nicht mehr viel zu melden. Technisch und finanziell weit besser ausgestattete **Großfirmen** übernahmen die dicken Aufträge, und den insularen Improvisationskünstlern verblieben tatsächlich – von einigen spektakulären Einzelfällen abgesehen – nur noch die „kleinen Fische". Doch jetzt wurde das Bergungsgewerbe von einer anderen einträglichen Einkommensquelle abgelöst …

Nordseebad Amrum

„Entdeckung"

Ein „Ausländer" im Amrumer Sinn war es, der 1885 das **Eiland für den Fremdenverkehr** entdeckte. Auf den anderen Nordseeinseln boomte das touristische Gewerbe schon längst, doch die Amrumer gingen weiterhin ihren gewohnten selbständigen Tätigkeiten nach und hatten nichts am Hut damit, unbekannten Leuten die Betten zu machen.

Das sollte jetzt anders werden. Der hannoversche Architekt **Ludolf Schulze** besuchte Amrum als Sommergast und war umgehend hingerissen von der Schönheit und Einsamkeit der Insel. Eigentlich wollte er sich nur seinem Hobby als Landschaftsmaler hingeben. Aber nun beschloss er spontan, dort etwas zu organisieren – es konnte mit der hinreißenden Einsamkeit doch nicht so weitergehen!

Am 31. August 1885 richtete er eine **Petition an den Amrumer Gemeinderat** behufs einer „Badekonzession zwecks Anlage eines Seebades am Fuße des Leuchtturmes, wo man die ganze Schönheit der Insel mit Leichtigkeit genießen kann …" *Schulze* glaubte offenbar, die Amrumer würden sich geradezu um diese Chance reißen, namentlich nachdem er den simplen Eingeborenen deren große Vorteile ausgemalt hatte, nämlich dass „Handel und Wandel sich heben, Arzt und Apotheke herbeigeführt und bei dem außerordentlich biederen

Die Insel zu Schulzes Zeiten

2016-004 rh

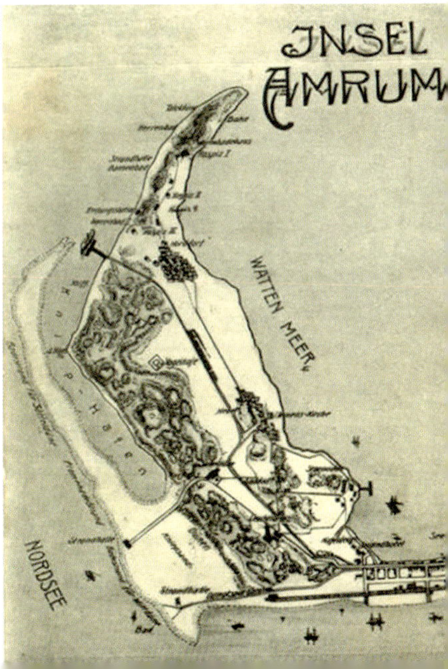

Sinn der hiesigen Einwohner kaum zu befürchten sei, daß größerer Wohlstand die guten Sitten verderbe …"

Befürchtungen

Gerade das befürchteten die Amrumer aber, die **in Gestalt von Wyk und Westerland böse Beispiele** (in ihren Augen) direkt vor der Nase hatten. Die schulzesche Eingabe wurde vom Gemeinderat schon am Folgetag, dem 1. September 1885, einstimmig (!) abgelehnt. Man darf daraus nicht herleiten, dass die Insulaner unschuldige Chorknaben waren, in deren Paradiesgarten es nur Friede, Freude, Eierkuchen gab. In den engen dörflichen Gemeinschaften blühten, wiederholt nachzulesen, Hass und Neid, Klatsch, Eifersucht und Zwietracht. Sogar ein Pastor wurde, wohl weil auswärtig (aus Bayern, ausgerechnet) mit wütender Gehässigkeit so lange schikaniert, bis er entnervt den Dienst quittierte.

Dennoch war es keine Weltfremdheit und Rückständigkeit, die zur **Ablehnung der Petition** führte. Ganz im Gegenteil. Die Amrumer hatten als Seefahrer und Auswanderer viel von der Welt gesehen und wussten genau, was gut für sie war und was nicht. Auch waren sie aus dem gleichen Grunde keineswegs „bieder" im Sinne von unbedarft. Sie wollten bei der schulzeschen Traumtänzerei nicht mitmachen, und damit basta.

Anfänge

Doch der hergelaufene Maler zog weitere Register, ließ Beziehungen spielen und schaffte es, im Dezember 1886 die Gaststätte „Zum Lustigen Seehund" in Steenodde zu kaufen. Dort berief er flugs eine **Versammlung** „aller am Bade interessierten Anwohner von Amrum" ein, um das Fremdenverkehrsgewerbe anzuschieben. Das gelang schon mal ganz gut, denn es meldete sich eine stattliche Zahl von Teilnehmern.

054am rh

⊡ Flott unter Dampf auf die Insel

Und nicht nur das. Jetzt waren auch auswärtige Kapitalisten auf die schöne Insel aufmerksam geworden, und ein wahrer **Run auf die Amrumer Grundstücke** brach los. Genau was die „biederen“ Amrumer befürchtet hatten, trat ein, nämlich dass Fremde die großen Geschäfte tätigen und dass „zahlreiche Einwohner sich verleiten lassen würden, Schulden zu machen, um große Logierhäuser zu bauen, um dann auf eine scheinbar bequeme Art zu leben … Altgewohnte Arbeiten und Hantierungen aber würden vergessen und am Ende Armut statt Wohlstand stehen“.

Das war alles andere als realitätsfremd. In ihrer Not riefen die aufrechten Insulaner 1888 den **Pastor Friedrich von Bodelschwingh** zu Hilfe. Dieser wackere Gottesmann sollte „gegen das weltliche Badeleben ein christliches Gleichgewicht schaffen“. Der Gerufene brachte Verständnis für die Sorgen der Amrumer auf und eilte zur Stelle. Doch auch er fiel offenbar den Reizen der schönen Nordfriesin zum Opfer, denn

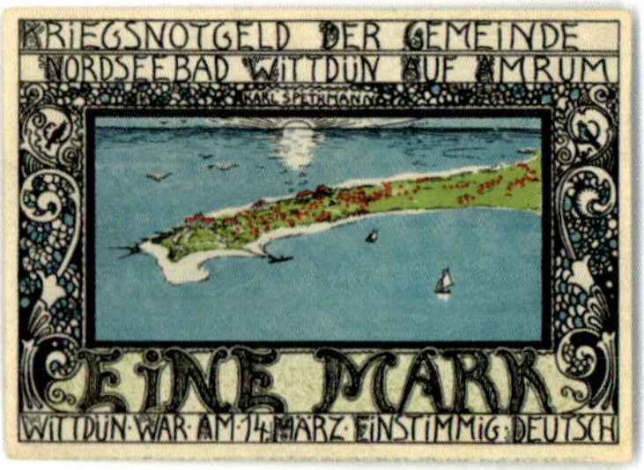

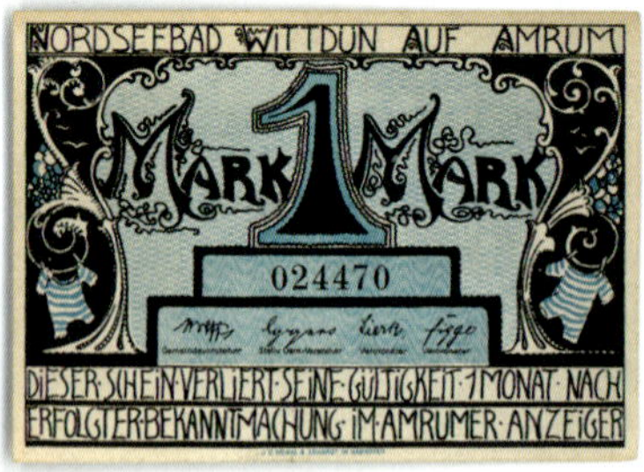

Amrumer und Föhrer Notgeld

die Errichtung eines „Seehospizes“ in Norddorf, mit der er zwei Jahre darauf unverzüglich begann, war auch nur ein Akt im Sinne des Herrn *Schulze*.

Zwar sollten damit „Vatersitte und Vaterglauben bewahrt werden“, aber in Wahrheit brachte die Entwicklung und insbesondere das **viele Geld,** das alsbald über das unschuldige Eiland hinwegschwappte, alle guten Vorsätze zum Einsturz.

Es geht richtig los

1890 gilt als Gründungsjahr Amrums als Nordseebad. Im gleichen Jahr **entstand der Ort Wittdün.** Hier, an der Südspitze der Insel, gab es zuvor nur ein paar Dünen, und die waren jetzt die Namensgeberinnen für das traditionslose Kunstgebilde. Nicht nur – wie befürchtet – fremde Kapitalisten, sondern auch einheimische Financiers beteiligten sich an dem Projekt, vornehmlich der durch seine Bergungsaktionen reich gewordene Quedens-Clan. Dieser trat, vielleicht in kluger Voraussicht, seine Immobilien jedoch an eine Aktiengesellschaft ab, die rasch die Infrastruktur um verschiedene **touristische Anlagen** erweiterte: Das noble **Kurhaus** und der (architektonisch ähnliche) „Kaiserhof“, ein Warmbad, eine Holzpromenade, diverse Hotels und Gästehäuser entstanden in Wildwestmanier sozusagen über Nacht (in der Tat wurden Gebäude mit falschen Fronten errichtet, ganz wie im fernen Texas). Außerdem wurde die an voriger Stelle erwähnte „Kniepsandbahn“ im Jahr 1894 in Betrieb genommen. Jetzt konnten die Gäste kommen.

Und **die Gäste kamen,** denn Wittdün hing unterdessen an nicht weniger als vier Schifffahrtslinien. Es war zumeist recht feudales Publikum, das in Wittdün Station machte – und den biederen Insulanern furchtbar auf den Keks ging, so dass sich von deren Seite eine sehr ablehnende, ja feindselige Haltung entwickelte. Doch mit der Zeit renkte sich das Verhältnis allmählich ein.

Die Anfangsjahre waren allerdings auch durch **geschäftlichen Misserfolg** geprägt. Die zuständige „Aktiengesellschaft Nordseebäder Wittdün und Satteldüne auf Amrum", wie sie jetzt hieß, hatte sich von Anfang an finanziell verhoben. Zwei verregnete Sommer mit geringen Besucherzahlen reichten, um das Kartengehäuse zusammenpurzeln zu lassen. 1906 ging die Firma in Konkurs, und ihr Gründer *Heinrich Andresen* starb 1919, völlig verarmt.

Einstimmig deutsch

Wittdün, ganz Amrum überhaupt, kam danach nur langsam wieder auf die Füße. Ohnehin war zunächst einmal **Krieg** angesagt, an dem die Amrumer dieses Mal mit mehr Überzeugung teilnahmen als an allen vorigen.

Wie sehr man deutsch geworden war, zeigte sich im März 1920, als per Plebiszit darüber abgestimmt wurde, ob die einstigen dänischen Exklaven fortan **zu Deutschland oder Dänemark** gehören wollten. Der eine oder andere Amrumer mag wohl nostalgisch für die alten Zeiten unter dem Dannebrog votiert haben, als die Kopenhagener Könige ihren friesischen Untertanen noch manches Privileg eingeräumt hatten. Außerdem gab es im Dänemark von 1920 satt zu essen, ganz anders als im Deutschen Reich. Aber Wittdün meldete: „Einstimmig deutsch!" Und Schwarzweißrot flatterte alsbald über der ganzen Insel. Gleichzeitig wurde von den Amrumer Gemeinden eigenes Notgeld herausgegeben, denn es herrschte Not, weil man gerade einen deutschen Krieg verloren hatte.

Auch der **nächste Krieg** ging bekanntlich nicht besser aus. Zahlreiche Insulaner – die meisten hatten bei der Marine gedient – verloren ihr Leben im Einsatz. (Die Insel selbst blieb unbehelligt.)

Nachkriegsaufschwung

Vor dem Krieg war durch die „Kraft durch Freude"-Organisation zunächst noch gut Bewegung in den Fremdenverkehr gekommen. Doch danach war zunächst totale Sauregurkenzeit. Erst ein paar Jahre später geriet der **Badebetrieb schleppend wieder in Gang,** zumal die Insel zahlreiche Heimkehrer und Flüchtlinge aufnehmen musste. Deshalb war es in den Fünfzigern noch ganz normal, dass die Gastgeber sich mit Kind und Kegel in Scheunen und Ställe verzogen, um Platz für die werten Badegäste zu schaffen.

Doch allmählich ging es danach bergauf. In der Lokalgeschichte kann man nachlesen, was sich so peu à peu an **neuen Glanzpunkten** ergab. Wenig stolz war man auf den Straßenbau, der schon vor dem Krieg begonnen hatte und der heute, korrekt vorausgesehen, eher einen Passivposten in der historischen Bilanz darstellt. In Abständen von wenigen Jahren wurden auch immer dickere Fähr-

055am rh

schiffe gebaut und eingesetzt – es durfte, wie sagte der Herr Schulze noch gleich, doch nicht so weitergehen mit der hinreißenden Einsamkeit. Aber auch diese Errungenschaften konnten dem Reiz der Insel auf Grund ihrer wohlausgewogenen natürlichen Verhältnisse letztlich nicht viel anhaben.

Folgerichtig nahmen die **Besucherzahlen** ständig zu, in der jüngeren Vergangenheit – mit einigem Auf und Nieder – sogar massiv. Wie schon eingänglich erwähnt, schätzt man den jährlichen **Umsatz** durch den Fremdenverkehr auf etwa 125 Millionen Euro. Das ist bei einer Bevölkerung von etwa 2200 Köpfen ein ganz schöner „Haufen Holz".

Amrum heute

Überall flattern **blau-weiß-rote Fahnen** im Wind. Es handelt sich um die Farben Schleswig-Holsteins, die im Zeichen eines lebendigen Lokalpatriotismus gerne vorgezeigt werden. Heute besteht auch die Gefahr nicht mehr, dass man sie mit jenen Restjugoslawiens verwechselt, mit denen sie vormals identisch waren – Serbien hat sich alternativ ein neues Banner zugelegt. Es gibt auch eine häufig zu sehende gelb-rot-blaue Fahne. Das ist diejenige Nordfrieslands.

Es ist alles **wohlgeordnet auf Amrum.** Die Rasen sind stets streichholzkurz gemäht und die Hecken eckig beschnitten. Hübsch und kuschelig stehen die Friesenhäuschen da, deren Bewohner, zu einem großen Prozentsatz schon längst keine Friesen mehr, natürlich auch nicht von gestern sein wollen und deshalb Fenster- und Türrahmen aus feinstem Plastik neugestaltet haben. Das passt nicht so recht zum Reetdach und verstärkt den Eindruck der Unechtheit, der sich einem manchmal aufdrängt. Die Sache mit den zu vielen Autos kam ja auch bereits zur Sprache.

◁ Flaggenschmuck am Strand

Doch von einigen kleinen Stilbrüchen einmal abgesehen, bietet sich Amrum vielerorts weiterhin **traditionstreu,** unverkitscht und „unversyltet" dar, ein Eiland zum Wohlfühlen. Wenn auch nicht mehr überall eine dörfliche Atmosphäre zu finden ist, was von Oldtimern und Ästheten sehr beklagt wird, so doch zumindest eine kleinstädtisch-gemütliche.

Mit den **Insulanern** kann man ebenfalls zurechtkommen, wenn man erst einmal mit ihnen warm geworden ist. Die altfriesische Muffeligkeit Fremden gegenüber ist ihnen schon längst abhanden gekommen, wenn man auch nach wie vor nicht damit rechnen darf, zu einer Tasse Tee eingeladen zu werden. (Der Autor hatte in ganz Friesien nicht ein einziges Mal das Glück, und wenn, dann handelte es sich bei den Einladenden stets um „Ausländer".) Außerdem sind die Amrumer ja beileibe keine reinen Friesen mehr. Selbst die alte Sprache, derer sie sich, wie vorstehend beschrieben, weiterhin bedienen, ist kein echtes Friesisch, sondern mit zahlreichen fremden Brocken aus dem Hoch- und Plattdeutschen und Skandinavischen durchsetzt. Es ist ja auch gut, dass etwas Vielfalt Einzug halten konnte, um etwaige Einfalt zu verdrängen. Aber den dicken Friesenkopp, den haben die Amrumer behalten, und dafür muss man sie einfach lieb haben!

Der Amrumer Pfennigkrieg

Im Jahre **1995** geschah es, dass die Amrumer (Norddorfer) Lokalpolitiker sich hartnäckig weigerten, ihrer Gemeinde mehr als einen symbolischen Pfennig Sitzungsgeld pro Monat in Rechnung zu stellen. Das konnte jene, die unablässig Sparsamkeit predigen, aber das bundesweit ausgeuferte kommunale Preisniveau gleichermaßen unverdrossen anheizen, nicht ungerührt lassen.

Eine **„Provokation des Gesetzgebers"** sah ein für die Ungeheuerlichkeit zuständiger Kieler Innenstaatssekretär in der revolutionären Geste. Fünf Mark, einem Kännchen Kaffee entsprechend, sei der Mindestsatz. Im Blitzlichtgewitter – die Sache war schnell über die Insel hinaus öffentlich geworden – bezeichnete Norddorfs Bürgermeister *Peters* die Haltung der Landesregierung als „Verwaltungsdiktat und Exzess der Regelungswut übergeordneter Behörden". Es sei an der Zeit, dass die Gerichte überprüften, inwieweit die Kommunen überhaupt noch Entscheidungen selbst treffen dürften, ohne vom Gesetzgeber bis ins Kleinste bevormundet zu werden. Man zog vor den Kadi.

Dort sahen die Kieler schnell ein, welch lächerliche Rolle sie in diesem Akt spielten und traten die **Flucht nach vorn** an. „Damit die Provinzposse kein Fortsetzungsroman wird", gestand man den Amrumern zähneknirschend-großzügig zu, werde man die Sache „tolerieren". Es blieb beim Pfennig.

Die regierende SPD begrüßte devot die **„Ministerentscheidung".** Gleichzeitig wies sie die anderen Gemeinden in Schleswig-Holstein an, dem Beispiel von Amrum nicht zu folgen. Also doch ein Fortsetzungsroman. Getreu nach *Mephisto* im Faust: „Es erben sich Gesetz' und Rechte / wie eine ew'ge Krankheit fort."

Sie ihrerseits lieben ihre insulare Freiheit, und sie sind **nicht bereit, sich von übergeordneten Behörden dreinreden zu lassen.** Und sie nennen die Dinge beim Namen. Sie erkennen, dass die Auflagen, die ihnen „von oben" gemacht werden, oft nichts anderes sind als Geldschneiderei und Beschäftigungsmaßnahmen für untätige „Sesselfurzer". Die Sache mit dem Hubschrauber kam bereits zur Sprache. Flugplatz, Golfplatz, ein Damm nach Föhr – alles Schnickschnack. Abgelehnt, brauchen wir nicht. Da spricht die Vernunft, die die Umwelt und die Taschen der Steuerzahler schont. Das kennt man sonst kaum in den auf Wachstum getrimmten deutschen Landen. Anno 1995 ordnete das Flensburger Straßenbauamt eine neue „Kilometrierung" an: Die alten Kilometersteine mussten gegen Schilder („Stationstafeln") ersetzt werden. „Überflüssig wie ein Kropf", befanden die Amrumer und ärgerten sich. Aber machen konnten sie nichts. Die hässlichen Blechdinger, 40 Stück für die kleine Insel, wurden ihnen vor die Nase gesetzt, da gab's kein Vertun. Die nächste Runde gegen die Großkopferten gewannen die Insulaner jedoch haushoch … (siehe Exkurs).

Die Natur

Im Jahre 1888 schrieb ein Kurgast über die Insel Amrum: „Ab und zu kommt ein Neugieriger von Wyk herüber, der sich rasch wieder aus dem Staube macht, wenn er sieht, dass es hier in der Einsamkeit der ernstgestimmten Dünen und der dunklen Heide nichts zu poussieren gibt. Die gewaltige Stimme der Natur ist die einzige Musik, die man zu hören bekommt …"

Naturschutz

An dieser Aussage hat sich bis auf den heutigen Tag wenig geändert. Zu „poussieren" mag sich wohl mehr finden als damals, aber „die gewaltige Stimme der Natur" ist nach wie vor gewärtig und dank zahlreicher zwischenzeitlich ins Leben gerufener Bestimmungen zu ihrem Schutz stärker denn je. Zu diesen gehört vor allem die Einrichtung des mit 285.000 Hektar die Fläche des Saarlandes übertreffenden **Nationalparks Schleswig-Holsteinisches Wattenmeer** in den Jahren 1985–86, im Anschluss an eine bereits erfolgte Unterschutzstellung im Jahre 1974.

Wie bereits vorstehend beschrieben wurde, war diese Maßnahme trotz heftiger Proteste der Küstenbewohner bitter vonnöten, nicht zuletzt für die Fortführung eines einträglichen **Fremdenverkehrs auf der Basis heiler Umweltbedingungen.** Einer der für die Etablierung des Parks mit ausschlaggebenden Gründe war ein Plan umnachteter Unternehmer, im Inselverkehr donnernde Luftkissenboote über das Watt preschen zu lassen. Dieses Vorhaben brachte das Fass der zahllosen Versündigungen zum Überlaufen und ließ die Uhr sozusagen auf fünf vor zwölf vorschnellen.

Zwar sind auf den nordfriesischen Inseln (im Gegensatz zu den Ostfriesinnen) **keine insularen Landgebiete** in den Park mit einbezogen, was aber noch kommen kann. Stattdessen sorgen dort lokale Instanzen für Naturschutz, und sie verrichten ihre Aufgaben mustergültig.

Waldansiedlung

Außerdem hat man der Natur nachgeholfen, indem man auf der Insel Wald ansiedelte. Nicht nur der touristischen Attraktivität wegen, obwohl insofern durchaus ein großer Beitrag gemacht wurde. Wichtiger jedoch war der **Schutz der Dörfer vor Sandverwehungen,** die oft verheerende Ausmaße annahmen. Heute nimmt der insulare Wald mit 190 ha fast zehn Prozent der Inselfläche ein – kein Nordsee-Eiland hat mehr!

Im 19. Jahrhundert war Amrum mit Ausnahme ausgedehnter Heideareale noch fast kahl. Erst um 1900 wurden bei Nebel 16 ha Kiefern angesiedelt, 1914 nochmals die gleiche Fläche. In den 20er und 30er Jahren des 20. Jh. fanden **Aufforstungen** durch private und kommunale Initiativen statt, und von 1952 bis 1962 ging es dann wirklich zur Sache, so dass ein zusammenhängendes Waldgebiet zwischen dem Leuchtturm und Nebel entstehen konnte.

Allerdings weist der **Baumbestand** zahlreiche Zuzügler wie Roteiche, Murray-Kiefer, Japanische Lärche, Gemeine

056am rh

Eibe, Küstentanne und Sitka-Fichte auf, die, streng genommen, nicht ganz in die Landschaft passen (woran Brüssel Anstoß nimmt), aber auch das eine oder andere heimische Gewächs wie Birke und Holunder ist vertreten.

Naturschutzgebiete

Der **Einzigartigkeit der natürlichen Verhältnisse** hat man auf Amrum Rechnung getragen, indem fast die gesamte Insel heute als Landschaftsschutzgebiet ausgewiesen ist. Besonders wertvolle Areale wurden zu Naturschutzgebieten (NSG) erklärt. Diese sind im Besonderen:

Amrumer Dünen

Es sind zweifellos die Dünen, welche, bis zu schwindelnde 32 Meter hoch, **Amrums ganz speziellen Charme** ausmachen. Interessanterweise existieren sie erst seit dem 12. Jahrhundert, als mehr und mehr Sand aus der Nordsee sich auf der Insel anzuhäufen begann.

Man unterscheidet **Weißdünen,** die überwiegend aus hellem Sand bestehen und vielfach mit (gepflanztem) Strandhafer bestanden sind, um sie am Davonfliegen zu hindern.

Graudünen weisen etliche Vegetation auf, der zumeist eine dünne Humusschicht unterliegt, die für einen grauen Schimmer sorgt. Häufig wachsen Silbergras und Strandsegge auf ihnen und verstärken den Farbeffekt weiter.

Der Übergang zu den **Braundünen** letztlich vollzieht sich fließend. Ein dichter Gras- und Moosbewuchs mit hohem Humusanteil hat hier die Ansiedlung von Zwergsträuchern ermöglicht, weshalb die resultierenden Heideflächen bezüglich Aussehen und Geruch stark der mediterranen Macchia ähneln.

In diesem Bereich gedeihen vor allem die Besenheide und die Krähenbeere mit ihren kleinen schwarzen Murmeln. (Falls Kinder davon naschen sollten: Keine Panik! **Krähenbeeren** sind durchaus essbar. Sie schmecken aber nicht nach viel, und die Näscher werden ihr Tun bald aufgeben. Ein gleiches gilt für den **Sanddorn,** bei Reife orangefarbene Beeren an kleinen Büschen, die auf den Inseln stark verbreitet sind. Sanddorn ist eine wahre Vitaminbombe und sehr gesund!)

Um Besuchern ein genussreiches Durchstreifen der Dünenlandschaft zu ermöglichen, hat man **Bohlenwege** angelegt, die zum Schutz der Dünen und der darin befindlichen Vogelwelt nicht verlassen werden dürfen.

< Amrums Kiefern

Nordspitze Amrum (Odde)

Das Innere dieser (abgezäunten) Dünenkette ist **Vogelschutzgebiet.** Die Odde darf am Strand umwandert werden, ein Eindringen in die Dünen des Geländes ist jedoch streng untersagt.

Weitere Vogelschutzgebiete

Weitere Vogelschutzgebiete sind ein kleines **Strandareal in der Nähe des Quermarkenfeuers** (das Gebiet ist lose umzäunt und beschildert) und der **„Hochwasserrastplatz Kniepsandbucht“** auf dem Sandhaken gegenüber von Wittdün. Betreten ist hier nicht erlaubt, doch weil das Strandbad Wittdün in unmittelbarer Nähe liegt, sieht man immer wieder Verstöße gegen diese Einschränkung – sogar tollende Hunde.

Wattenmeer

Das **Naturschutzgebiet (NSG) Nordfriesisches Wattenmeer** zieht sich die Ostküste der Insel entlang und geht nahtlos in den Nationalpark über.

Allerdings grenzt kein Teil von dessen **Zone 1 (= Ruhezone)** direkt an Amrum. Nach ihrer Definition besitzt diese Zone die höchste Schutzintensität und darf ganzjährig nur auf zugelassenen und entsprechend ausgewiesenen Wegen betreten werden, weil hier die empfindlichsten Landschaftsteile, Pflanzen- und Tierarten zu finden sind. Zur Zone 1 gehören die nordwestlich der Insel vorgelagerten Sandbänke, die in Abstimmung mit der Nationalparkverwaltung von Ausflugsschiffen (nicht von Sportbooten und Windsurfern!) angefahren werden dürfen, um die dort ausgesprochen häufigen Seehunde zu beobachten.

[>] Prächtige Dünenlandschaft

Alles andere ist jedoch **Zone 2 (= Zwischenzone).** In dieser sind „alle Handlungen verboten, die den Charakter des Landschaftsbildes beeinflussen und den Naturgenuss beeinträchtigen können". Für die Annäherung an Wildtiere gelten hier die Einschränkungen für die Zone 1; es ist also nicht statthaft, die Lebensräume von Vögeln oder Seehunden aufzusuchen, auch nicht, um sie „nur" mal eben zu filmen oder zu fotografieren. Jagen und Fischen ist in beiden Zonen, versteht sich, drastisch limitiert, sehr zum Missfallen entsprechend orientierter Interessengruppen.

Salzwiesen

Dem Wattenmeer landseitig vorgelagert sind an der Ostküste zwischen Nebel und Norddorf mehr oder minder ausge-

057am rh

dehnte Salzwiesen. Dies ist Grasland, das von den Gezeiten überflutet wird und deshalb eine **eigenwillige Vegetation** aufweist, die wiederum Lebensraum für zahlreiche Tierarten, vor allem Vögel, ist. Außerdem entwickeln sich in diesem Bereich besonders schön blühende Pflanzen wie Grasnelke, Strandflieder und Strandbeifuß, die man aber, das nur am Rande, nicht für die Pensionsvase pflücken darf. Auch den urigen Queller, ein dickfleischiges Gewächs, das im Spätsommer sattrote Flächen bildet, muss man, weil geschützt, stehen lassen.

Überhaupt ist das **Betreten dieser Areale natürlich nicht gestattet.** Im

ganzen Wattenmeerbereich ist der Anteil an Salzwiesen durch die übliche leidige Kultivation, wobei noch auf den letzten Quadratmetern ein paar Schafe angesiedelt werden müssen, stark zurückgegangen. Der Erhalt dieser einzigartigen Vegetationszone ist deshalb erklärtes Ziel des Naturschutzes. Dankenswerterweise wird auf Schildern darum „gebeten", nicht in die Salzwiesen hineinzustreunen – man ist, es kam bereits zur Sprache, zuvorkommend auf Amrum.

058am rh

Vogelschutzgebiet bei Norddorf

Watt

Was ist Watt?

Bei Niedrigwasser blickt man von Amrum nach Föhr hinüber auf eine riesige dazwischen liegende Schlick- und Sandfläche, die mit Ausnahme von großen Vogelschwärmen und, mit Glück, einigen Seehunden an den Prielrändern völlig leblos erscheint. Doch in Wahrheit ist das Watt der Definition nach ein **Terrain, das im Rhythmus der Gezeiten wechselweise überflutet wird und wieder trockenfällt,** eines der am dichtesten belebten Biotope der Erde. Jüngst wurde ihm durch Aufnahme in das **Weltnaturerbe der UNESCO** sozusagen der Ritterschlag zuteil. Mehr noch: Es ist eine der extrem wenigen noch erhaltenen Naturlandschaften Europas, die sich gegen alle Versuche gesträubt hat, sie wie fast jeden anderen Quadratmeter des alten Kontinents urbar zu machen.

Lebensraum Watt

Nicht unerwähnt bleiben darf, dass es Watten auch anderswo auf der Welt gibt, sogar in den Tropen. Doch nur an der Nordsee existiert eine Wattenlandschaft von dieser Größe und Art, und hier leben allein etwa **250 Tierarten und Ökotypen,** die sonst nirgendwo vorkommen, also „endemisch" sind.

Der Wattenboden fließt fast über von **Minigetier** und ist damit eines der biologisch produktivsten Naturgebiete der Erde. Wichtige Speisefischarten wie Scholle, Seezunge und Hering haben hier ihre Kinderstube, ebenso die schmackhafte und teure Nordseegarnele.

Die Vielfalt des Kleingetiers lockt wiederum Tausende und Abertausende von **Vögeln** an, die im und am Wattenmeer damit ideale Nahrungs-, Brut- und Rastbedingungen finden. Und Vögel sind

059am rh

keineswegs nur „unnütze Fresser". Nicht nur sind sie effektivere Schädlingsvertilger als alle bislang erfundenen Insektengifte – wenn man sie nur lässt. Sie tragen auch entscheidend zur Bodendüngung und Pflanzenverbreitung bei und helfen dieserart, die schütteren Inseln „zusammenzuhalten". Aufmerksame Naturbeobachter erkannten dies schon vor Hunderten von Jahren und verboten die Vogeljagd deshalb.

Sollte sich das geändert haben, weil man mitunter einen Jäger mit Schießgewehr sieht? Nein! Zürnen Sie dem Mann nicht in der Mutmaßung, er wolle den lieben Piepmätzen etwas zuleide tun. Im Gegenteil. Es geschieht häufig, dass sich **Fuchsfamilien** auf der Insel ansiedeln. („Die haben uns die Sylter oder Föhrer geschickt!" schnauben die Amrumer dann, die ihren Nachbarn wenig wohlgesonnen sind.) Wo immer die Füchse auch herkommen, sie richten wahre Schlachtfeste in der insularen Vogelwelt an und bedeuten das potenzielle Aus für manche Arten. Vögel oder Füchse, ist dann die Frage. Also doch lieber nicht den Jägersmann ausschimpfen …

Drehscheibe Watt

Das Wattenmeer wird alljährlich regelmäßig von 6–10 Millionen **Zugvögeln** aufgesucht, vornehmlich Wasser-, Wat- und Küstenvögeln aus arktischen und subarktischen Brutgebieten. Sie benützen das Wattenmeer entweder als Winterquartier oder als „Tankstelle" zum Auffüllen ihrer Energiereserven für den Weiterflug, sei es im Herbst in die südlicheren Winterquartiere oder im Frühjahr in ihre nordischen Brutgebiete.

Weitere Möglichkeiten zur Zwischenrast und zum Sammeln neuer Kräfte für die oft mehrere tausend Kilometer langen Nonstop-Flüge gibt es kaum. Dies unterstreicht die überragende **internationale Bedeutung des Wattenmeers für wandernde Vogelarten.** Sein Einzugsgebiet reicht von Nordost-Kanada bis Nordost-Sibirien und Südafrika. Das Wattenmeer ist damit eine herausragende unabdingbare Drehscheibe des Vogelzuges zwischen den arktischen Brutgebieten und südlichen Winterquartieren.

(Info-Text der Vogelwarte Helgoland)

Die Amrumer Vogelwelt

Amrum hat wegen seiner vielseitigen und geschützten Natur **einen der größten Vogelbestände der Nordsee** aufzuweisen. Und die Vögel wissen offensichtlich, wie gut sie es dort haben. Denn sie sind dem Menschen gegenüber weitgehend furchtlos geworden – „Der tut mir nichts!" scheint ihr kecker Gesichtsausdruck zu besagen.

Dies gilt ganz speziell für die zahllosen **Fasane,** die die ganze Insel und vor allem die Dünen um Norddorf bevölkern. Manche sind, zum großen Vergnügen der Kurgäste, schon so zahm wie Haushühner. Auch sieht man am schmalen Strandstreifen an der Wattenküste **Austernfischer** ungerührt auf ihren Gelegen

◁ Guter Aufpasser: Rotschenkel

hocken, während ein paar Meter entfernt Radfahrer geräuschvoll vorbeipedalen. Die kleinen Austernfischer werden bald nach dem Schlüpfen von den Eltern ins Watt geführt und im nahrhaften Stochern unterrichtet; menschliche Nähe spielt dann auch keine Rolle.

Rotschenkel (nomen = omen) stehen, interessiert Passanten beäugend, auf Pfählen und lassen sich dort auch widerspruchslos aus nächster Nähe fotografieren. Denn die schlauen kleinen Burschen halten dieserart die nichtsahnenden Passanten von den Gelegen fern, die irgendwo nahebei im Gras verborgen sind (und auf denen übrigens das Männchen hockt, denn die Weibchen sind voll emanzipiert). Gleichzeitig geht ihnen der Überblick nicht verloren – ganz schön clever! Im Frühjahr verrät häufiges „Tü-tü" mit Getriller und Gejodel, dass sich der Rotschenkel auf Brautschau befindet – die bis zu zwei Monate dauern kann …

Am wenigsten Furcht vor dem Menschen haben natürlich die **Möwen.** In der Mehrzahl handelt es sich um **Silbermöwen,** Vögel von stattlicher Größe, die auf Amrum große Kolonien bilden und einen in deren Nähe befindlichen Wanderer mit energischen Sturzflügen und lautem Geschrei von ihren Gelegen fernzuhalten versuchen. Umso mehr auf Nähe erpicht sind die Tiere allerdings, wenn der Mensch am Strand seine Brotzeit auszupacken beginnt. Sie scheuen dann auch nicht davor zurück, einen Brocken aus den Fingern zu schnappen – also Obacht! „Typische" Silbermöwen mit hellfarbigem Gefieder sind übrigens erwachsene Tiere von mehr als vier Jahren. Jüngere Exemplare sind braungrau gesprenkelt und haben dunkle (statt gelbe) Augen und schwarzgraue (statt gelbe) Schnäbel.

061am rh

Auch der Seehund lässt sich gerne mal blicken

Der Silbermöwe ähnlich sieht die **Sturmmöwe,** die jedoch keinen roten Schnabelfleck hat.

Elegante kleine Flieger mit schokoladenbraunen „Masken", die den größten Teil des Kopfes bedecken, sind **Lachmöwen.** Der Name bedeutet nicht etwa, dass sie sich ständig amüsieren, sondern sie heißen so, weil sie sich gern in Wasserlachen tummeln. Im Winter wird die Maske bis auf einen kleinen Rest abgelegt.

Als etwas ganz Spezielles gilt die grazile **Zwergseeschwalbe,** die auf dem Kniep in Muschelfeldern brütet. Nicht nur, weil es sich um einen besonders hübschen Vogel handelt, sondern weil diese Art sehr selten geworden ist. Die

Menschennähe? – Kein Problem!

Wie wenig scheu Seehunde und Robben gegenüber den Menschen sind, erwies sich im Dezember 1999, als eine Kegelrobbenmama sich mit ihrem Jungen auf dem Parkplatz des Wittdüner Fähranlegers häuslich einrichtete. 18 Tage lang säugte die von einem Orkan auf diese harte Ruhestätte verschlagene Mutter ihr Baby, bevor sie mit ihrem Anhang ins Wattenmeer zurückkehrte.

Zwergseeschwalbe siedelt ihre Gelege dicht am Meeressaum an und ist dort weniger durch Sturmfluten gefährdet als durch menschliche Strandläufer.

Häufiger sind **Fluss- und Küstenseeschwalben,** die in den Dünen und auf Wiesen nisten. Sie sehen mit ihren schwarzen Kappen den Lachmöwen ähnlich, sind jedoch viel kleiner.

Im Watt wuseln große Scharen von **Alpenstrandläufern** herum, und Verwandte dieses agilen Kleinvogels laufen einem am Wasser manchmal fast zwischen den Beinen herum.

Mehr Substanz hat, wie sein Name verrät, der **Große Brachvogel,** der in Amrumer Dünentälern auf Futtersuche geht. Auffällig ist der lange, gebogene Schnabel und das typische „Prüüühip", das sich von dem üblichen Möwengekreische deutlich unterscheidet.

Hinzu gesellen sich **Enten** und **Gänse,** ein gelegentlicher **Kormoran** und sogar (in den Waldbereichen) zahlreiche Singvogelarten wie **Buchfink, Rotkehlchen** und **Zilpzalp.** Was die Vogelpopulation angeht, ist Amrum ein sehr lebendiges Biotop – und schon deshalb ein lohnendes Reiseziel für jeden Naturliebhaber.

Seehunde

Ein Großteil der Amrumbesucher möchte am liebsten als erstes eines dieser herzigen Tiere sehen. Die Gelegenheit dafür bietet sich – bei halbwegs niedrigem Wasserstand – schon bei der Anreise. Auf den Sänden **links und rechts der Fahrrinne** aalen sich die Seehunde nämlich in ansehnlichen Zahlen – nur werden sie von den Passagieren zumeist nicht als solche erkannt. Bis dann jemand in den Ruf ausbricht: „Das sind ja Seehunde!" – worauf überall die Ferngläser an die Augen schnellen.

Seit der katastrophalen Sterbewelle Ende der 1980er Jahre hatte sich die Population im nordfriesischen Wattenmeer wieder gut erholt – bis sie 2002 ein weiterer epidemischer Keulenschlag traf. Es geht jedoch erneut bergauf. Bei einer sommerlichen „Fahrt nach den Seehundsbänken" wird man den possierlichen Meeressäugern wieder begegnen – auf einiger Distanz, versteht sich.

Denn auf Nähe sind Seehunde nicht mehr unbedingt putzig, und wenn sie in Bedrängnis geraten, können sie bissig werden wie, eben, missgelaunte Hunde. Am Strand von Amrum wird eine solche Situation kaum einmal entstehen. Möglich ist aber, dass ein hilfloses Jungtier, ein **„Heuler"**, auf den Sand treibt und dort kläglich herumfiept. Für den Badegast gilt dann: Mindestens 200 Meter Entfernung einhalten – das Muttertier könnte nahebei sein und nur darauf warten, den Ausreißer wieder einzufangen.

Am besten macht man gar nichts. Eine Alternative wäre, eines der Naturzentren zu informieren. Da es aber im Nordfriesischen keine Aufzuchtstationen gibt, läuft der Kleine nur Gefahr, erschossen zu werden. Wer will das schon mit seinem Gewissen vereinbaren ...?

Insulare Vierbeiner

Kaninchen

Schon auf der ersten Wanderung wird man sie entdecken. Oder auch auf der Landstraße, wo mehr als 1000 von ihnen jährlich plattgefahren werden: Kaninchen. Es gibt so viele von ihnen, und sie sind schon so lange auf der Insel, dass sie auch **„Amrums Ureinwohner"** genannt werden. Sie haben jedenfalls bereits seit fast 800 Jahren einer Vielzahl von Gefahren getrotzt, und sie werden es (trotz der Autos) wohl auch noch länger aushalten.

Die ursprünglich von der iberischen Halbinsel stammenden Nager wurden im frühen 13. Jahrhundert auf Veranlassung des Dänenkönigs *Waldemar II.*, womöglich auch schon seines Vorgängers, auf der Insel ausgesetzt. Nicht nur sollte sich der dänische Adel dort den **Freuden der Jagd** hingeben dürfen, sondern die Insulaner sollten dem Chef gefälligst regelmäßig Karnickelbraten liefern.

Das taten sie wohl, und sich selbst versorgten sie mit der gleichen Delikatesse, denn ihnen waren, was das Jagen betrifft, kaum Beschränkungen auferlegt. Da sonst nicht viel auf der Insel gedieh und man den ewigen Fisch bestimmt mal satt hatte, wurde den Kaninchen mit großem Eifer nachgestellt. Oft machte man sich die Mühe, die Tiere aus ihren Höhlen im Sand auszugraben. Dabei ereigneten sich sogar zwei Todesfälle, 1830 und 1915, beide in Norddorf, als ein 14- bzw. 17-jähriger Knabe verschüttet wurden. Es dauerte übrigens bis zur Mitte des 19. Jahrhunderts, bis sich überhaupt einmal ein dänischer König zur Hasenhatz auf Amrum sehen ließ. Es handelte sich um *Christian VIII.*, und einmal wurde er sogar von dem berühmten Märchenschreiber *Hans Christian Andersen* begleitet. Das Jagdergebnis soll aber eher schmal gewesen sein.

Zu manchen Zeiten **nahmen die Langohren überhand,** so während der Weltkriege, als keine „jagdfähigen" Männer auf der Insel waren, oder in der Nachkriegszeit, als es keine Munition gab. Der Land- und Waldwirtschaft wurde dann erheblicher Schaden zugefügt. Das änderte sich erst nach 1963, nachdem die Kaninchenseuche Myxomatose Einzug gehalten hatte und die Populationen dezimierte. Doch auch gegen diese Krankheit sind viele Kaninchen immun geworden. Bei einem sommerlichen Spaziergang wird man zahlreiche Ohrenpaare aus dem Gras ragen sehen, und selbst der Nachwuchs hoppelt ohne Scheu umher. Erst zur herbstlichen Jagdsaison verstecken sich die Nager mit der ihnen eigenen Instinktsicherheit. Dann treten sogar auswärtige Falkner gegen sie an – eigentlich eine ganz natürliche und faire Art der Jagd.

Andere Säuger

Andere Landsäugetiere spielen keine große Rolle auf der Insel. Unausweichlicherweise haben sich, wie in jedem natürlichen Umfeld unserer Breiten, **Mäuse** angesiedelt, sehr zur Freude einiger auf der Insel heimischer Habichte. Auch **Fledermäuse** sollen gelegentlich zu sehen sein. Kurz nach 1900 wurden **Igel** eingeführt und in den 60er Jahren **Eichhörnchen;** beide haben sich gut etabliert. Mitunter kommt **Rotwild** übers Watt zu Besuch; in der Inselgeschichte ist sogar nachzulesen, dass 1984 ein kapitaler Bock von einem Auto totgefahren wurde. Doch damit hat sich's auch schon. Die meisten sichtbaren Säugetiere sind halt die allgegenwärtigen **Pferde** und **Rinder.** Und bei diesen letzteren fällt eine ganz bestimmte Rasse auf …

Amrumer Urtiere

Auf den Weiden zwischen Norddorf und dem Wattenmeer sieht man sie grasen: Klobige, zottelige, dunkelbraune

Rindviecher, die fast wie Büffel wirken. Es sind **Angus- und Herefordrinder** mit Stammbäumen in den schottischen Highlands, aber samt und sonders auf der Insel geboren. Wenn man sie dabei beobachtet, wie sie sich an den saftigen Weiden delektieren, gewinnt man den Eindruck, dass es sich um sehr „glückliche" im Sinne von gesunden Tieren handelt. Genau das sind sie auch.

Schon seit Ende der 1970er Jahre werden sie auf Amrum gezüchtet, und dort steht ihr **exzellentes Fleisch** auch auf den Speisekarten – und bei den Gästen hoch im Kurs. Denn die „Black Welsh" sind bei Gras und Heu (kein Hormonfutter!) unter ökologisch unbedenklichen Bedingungen herangewachsen – und wie! –, und sie sind trotz ihrer englischen Familiennamen in bezug auf den (allerdings schon vergangenen) Schrecken BSE über jeden Zweifel erhaben. Wenn also „Amrumer Rinderspezialitäten" angeboten werden, so scheue man nicht zurück. Das Gereichte ist gesundheitlich einwandfrei, in Bezug auf Fremdstoffe unbedenklich und – zumindest für Fleischliebhaber – ein exquisiter Hochgenuss.

062am rh

< Amrums Urviecher

012am rh

5 Die Nordsee

< „Typisch Amrum": Wolken, Sand und Wasser

Land und Meer

Frühzeit

So klein sich die **Nordsee** auf der Weltkarte ausmacht und wie wenig Wasser sie mit ihren paar Metern Tiefe auch enthält – sie hat sich im Lauf der Erdgeschichte verblüffend lange ihre Existenz bewahrt, wenn auch stets in völlig unterschiedlichen Erscheinungsformen.

Schon vor etwa 300 Millionen Jahren, im frühen Perm, dehnte sich in hiesigen Breiten das sogenannte **Zechsteinmeer.** In dieser tropischen Urbrühe tummelten sich abenteuerliche Kreaturen, und es wäre bestimmt ganz interessant gewesen, wenn sich diese Phase bis in die Neuzeit fortgesetzt hätte. Doch das Tropenmeer trocknete unter wüstenartigen Verhältnissen alsbald aus, gewaltige Ablagerungen von Salz und Muschelkalk hinterlassend, und das Leben erstarb oder verlagerte sich in andere Regionen.

Metamorphosen

Im Trias, vor 225 Millionen Jahren, umgaben Gebirge und Hochländer das Nordseebecken und ließen ihren Steinschutt in die Tiefe kollern. Diese Prozesse führten im Lauf der nächsten Jahrmillionen zu diversen **Hebungen und Senkungen,** aber ein Stück „Nordsee" blieb offenbar immer erhalten. Im Tertiär vor 5 Millionen Jahren war das Klima wieder einmal mollig warm, ungefähr mit dem heutigen Florida vergleichbar, und unser Hausmeer lag weit im Nordwes-

Bernstein – das Gold des Nordens

Unter den von den Gletschern herangeschobenen Materialien befand sich auch eine seltsame Substanz, die erst unter dem Druck und der Kälte des Eises feste Formen annahm und sich überall im Bereich der heutigen Nord- und Ostsee ablagerte: Bernstein. Dieser „Stein" war ursprünglich, gut 50 Millionen Jahre her, als **zähflüssiges Harz von Nadelbäumen** im Nordosten Europas herabgetropft und hatte letztlich gewaltige Deponien gebildet. Die größten dieser Art, auf vier Milliarden Tonnen (!) geschätzte Bestände, befinden sich heute entlang der Küsten der östlichen Ostsee. Doch auch die Nordsee erhielt einen Anteil des goldenen Segens, und Amrum ist davon nicht ausgenommen. Immer wieder finden sich am Kniepsand kleinere oder größere Brocken Bernstein.

Dieser im Wortsinn urige Stoff genoss zu Zeiten der alten Griechen und Römer höchste Popularität und war **eines der begehrtesten Handelsgüter.**

Später besann man sich aber offenbar seiner profanen Herkunft und benutzte ihn sogar als **Feuermaterial.** Denn nichts anderes bedeutet der Name: „Brennstein". Bernstein besteht aus 67–87 Prozent Kohlenstoff und ist derartig temperaturempfindlich, dass die Schleifer mit dem zum Zerfließen neigenden Material ihre liebe Not haben.

Mit **„Gold des Nordens"** ist Bernstein übrigens etwas fehlbenannt, denn es gibt ihn auch anderswo auf der Welt. So wurde vor nicht langer Zeit eine substanzielle Lagerstätte in der Dominikanischen Republik entdeckt und eine weitere im Baskenland. Doch so leicht wie an Nord- und Ostsee lässt sich Bernstein nirgendwo sonst finden …

Auf Grund seines geringen spezifischen Gewichts wird das Gold des Nordens mühelos von Strömungen und Wellen befördert und landet letztlich bevorzugt entlang der Hochwassermarke an. Dort also, wo auch Tang und Treibholz sich sammeln und leider Gottes auch immer eine Menge Plastikmüll. Die besten Fundaussichten hat man im Winter. Das dann kältere Wasser bewirkt nämlich einen stärkeren Auftrieb der Bernsteinbrocken und häufigere Ablagerungen.

Und das Schönste ist: Die Fundobjekte haben keinen Eigentümer. Man kann sie in die Tasche stecken, ohne mit Strandvogt und Inselgendarm aneinander zu geraten. Nur wert sind sie nicht viel – für erstklassiges Material, mit dem der Markt aus dem Osten überschwemmt wird, gibt's gerade mal 30–40 Cent pro Gramm. Lediglich Stücke mit **Inklusen** (Einschlüssen) von Pflanzen und Insekten sind teurer, zum Teil beträchtlich. Mit solchen Raritäten ist am Strand aber kaum zu rechnen, denn Bernstein korrodiert in Seewasser und wird brüchig.

Und wenn schon: Der harzige Stein hat die Menschheit schon immer verzaubert, und er tut es heute noch. Es ist halt die eigene Entdeckung, die letzten Endes zählt und zu Spaß und Freude führt ... Wer am Strand nicht fündig wird, kann sich übrigens an einer großen Auswahl edler Schmuckstücke aus dem besagten Stoff in Amrums Fachgeschäften schadlos halten.

013am rh

ten. So löste ein Zeitalter das andere ab, und ständig wechselte das Bild.

Letztlich, in der jüngeren Erdneuzeit, rückte als Folge einer globalen Abkühlung arktisches Eis von Norden heran und überzog ganz Nordeuropa mit einem schweren Panzer. Diese **Vergletscherung** dauerte fast eine Million Jahre und hielt in mehreren Hin- und Rückzugphasen bis vor etwa 10.000 Jahren an, ist erdgeschichtlich also gerade eine Kleinigkeit her. Gleichzeitig sank der Meeresspiegel durch die Eisbindung zeitweilig bis auf 130 Meter unter dem heutigen Niveau; die Nordsee war als solche ein paar Jährchen lang überhaupt nicht vorhanden.

Neue Erwärmung

Doch dann wurde es wieder warm, es kam zu einer **Ausdehnung des Meeres** durch ansteigenden Meeresspiegel (sogenannte Transgression). Bemerkenswert ist, in welch kurzer Zeit sich gewaltige Eismassen auflösen können, um, Tropfen für Tropfen, wieder ganze Meere zu bilden. Schon vor rund 8000 Jahren erreichte die Nordsee, obwohl immer noch einige Meter tiefer gelegen als heute, grob ihre jetzige **Küstenlinie.**

Und die Nordsee begann umgehend, an neuen Profilen zu arbeiten. Die Materie des Festlandes und der östlichen Küsten bot sich als geradezu ideal für eine **Umformung** an, denn sie bestand überwiegend aus lose zusammengeschobenen Schutthalden. Diese Anhäufungen waren vor etwa 150.000 Jahren von den Mahlwerken der Gletscher hinterlassen worden und bildeten große Teile des heutigen Norddeutschland und Dänemark.

014am rh

Grund- und Endmoränen entstanden dort, wo das Eis nach seiner Hobel- und Schiebetätigkeit dahingeschmolzen war und sein Transportgut ablud. Es sind Schichten aus Sand und Kies und diversen Geschieben, wie der Geologe sie nennt. Diese sind im Fall von Amrum, wie sich am Geestkern der Insel bestimmen lässt, aus großer Distanz herantransportiert worden: aus dem nördlichen Skandinavien, 1000–1500 km entfernt. Fachleute sprechen sogar von einer spezifischen **Amrumbank-Moräne;** die Insel nimmt also insofern eine geologisch besonders interessante Position ein.

‹ Watt – ein einzigartiger Lebensraum

Entstehung Amrums

Anders als die ostfriesischen Inseln, die als Sandbänke aus der Nordsee emporwuchsen, stellen die (nördlichen) Nordfriesinnen **Überreste des einstigen Festlandes** dar, und ihre Strände sind nur herangeschwemmt, in jüngerer Zeit zum Teil künstlich. (Amrums „Kniepsand" ist jedoch natürlichen Ursprungs; eine nähere Beschreibung der Vorgänge weiter unten.) Die bewusste Amrumbank-Moräne war es, die das Eiland einst entstehen ließ und in letzter Konsequenz vor dem Wiederuntergehen bewahrte, denn der Geestkern war massiv genug, um dem Ansturm der Nordsee zu trotzen.

Davon zehrt Amrum noch heute. Die Insel ist **eine der lagestabilsten Inseln der Nordsee;** auch der schlimmste Orkan vermag ihr kaum etwas anzuhaben. Die letzten großen Sturmfluten, die an ihr knabberten, liegen Jahrhunderte zurück, und seither hat sich wenig an den insularen Konturen geändert. Zwar gab es auch in der Neuzeit einige Abbrüche, namentlich während der schweren Sturmflut von 1962. Doch diese betrafen in erster Linie menschengemachte Areale wie die Wittdüner Landungsbrücke, die sich in Kleinholz verwandelte. An anderer Stelle standen dem Abbau wiederum Landgewinne gegenüber – unter dem Strich blieb das Amrumer Territorium immer fast das Gleiche.

[>] Beeindruckender Strand

Ebbe und Flut

Einst trat das Meer dicht an die Küste heran, um zu sehen, was dort wohl verborgen war. Als erstes erblickte es ein menschliches Wesen und war darüber so entsetzt, dass es sich sofort wieder zurückzog. Seither guckt es alle zwölf Stunden nach, ob sich etwas geändert hat. Und da dies offensichtlich nicht der Fall ist, bleibt's dabei. Nämlich bei Ebbe und Flut.

Es gibt allerlei solche Döntjes im Friesischen. Auf Amrum glaubt immer noch manch einer, dass Mädchen bei Ebbe (natürlich) und Knaben bei Flut geboren werden. Gegen die Gezeiten kann eben auch die heftigste Emanzipationsbewegung nichts ausrichten. Dass der **Mond** etwas mit der Sache zu tun hat, wissen die meisten Amrumer inzwischen aber auch. Und da viele die Welt als Seefahrer bereist haben, ist ihnen ebenfalls bekannt, dass es Gezeiten nicht nur an der Nordsee gibt, sondern fast auf der ganzen Erde und zumeist weit beeindruckender.

Gezeiten auf Amrum

Die gestirnsbewirkte Wasserbewegung ist im Bereich der nordfriesischen Inseln allerdings weit weniger ausgeprägt als in der häufig von Hochfluten betroffenen südlichen Nordsee. Das **mittlere Hochwasser** beträgt gerade mal 1,50 Meter, und der Tidenhub in seiner Gänze 2,50 Meter. Das reicht nicht einmal, um den Kniepsand zu überfluten.

Die Gezeiten machen sich am augenfälligsten an der **Ostseite der Insel** be-

015am rh

Amrumer Wetterdaten

©Reise Know-How 2016

Amrum01

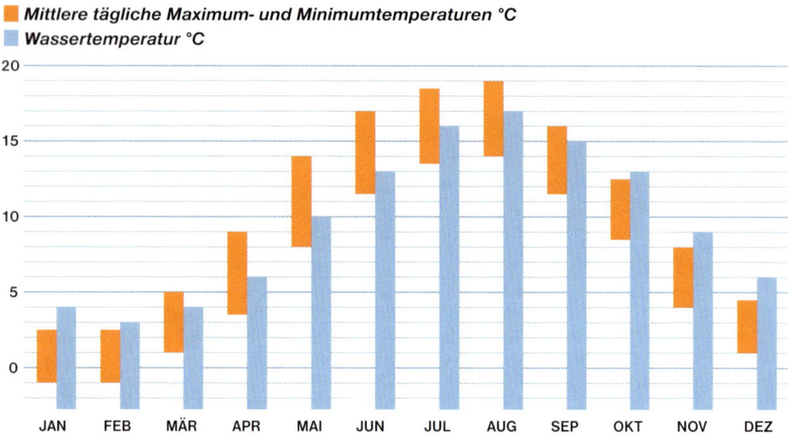

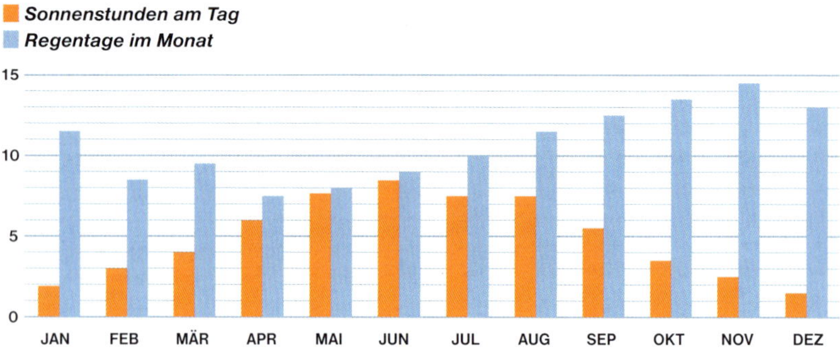

merkbar, wo das Watt bei Niedrigwasser (so der korrekte Begriff) bis nach Föhr hinüber großflächig trocken liegt. Dort gilt Ebbe und Flut naturgemäß die meiste Aufmerksamkeit. Wattwanderer müssen über sie am besten informiert sein – auch in zwei Metern Wasser kann man locker ertrinken. Und Segler wollen ebenfalls wissen, ob sie noch Nordsee unterm Kiel haben oder bereits „Schiet". Da interessiert dann weniger, ob es sich je nach Pegelstand zu einem Mädchen, Knaben oder sonst etwas fügt.

Die Zeiten für Hoch- und Niedrigwasser ändern sich auf Grund der etwas unrunden Planetenbewegungen täglich. Sie lassen sich im sogenannten **Tide-Kalender** einsehen, der bei den Kurverwaltungen, im Jachtclub und den DLRG-Stationen aushängt. Außerdem führt die Veranstaltungsbroschüre „Amrum aktuell" eine wöchentliche Liste auf. Die angegebenen Wasserstände gelten allerdings nicht für Sturmfluten. Wenn ein Orkan hinter die Tide fasst, kann es zu weitaus höheren Pegeln kommen. Dann steht auch der Kniepsand bis zu den Dünen unter Wasser, und dann ist für die (meisten) Badegäste Schluss mit lustig. Doch gezeitenbedingte Gefahren drohen auf Amrum kaum. Nasse Füße bei Hochwasser sind das größte Risiko.

Wind und Wetter

Alles im Fluss

„Palmen auf Helgoland" – das liest man heutzutage des Öfteren, aber so ist es natürlich nicht: Die hohen Breiten, in denen die Nordsee liegt, sorgen trotz Erderwärmung auch weiterhin für **ganzjährig frische Temperaturen.**

Und eine geophysikalische Eigenheit hat zur Folge, dass sich Wind und Wetter im Nordseebereich in ständigem Fluss befinden: Vom Golfstrom erwärmte und aufsteigende Luft führt im fernen Westatlantik zur Bildung von Verwirbelungen, **Tiefdruckgebiete** formieren sich. Ihnen steht im mittleren Atlantik die permanente Barriere des Azorenhochs entgegen, über die sie, während der Erdball unter ihnen dahinrotiert, hinwegtrudeln müssen. Als Resultat kullern die meisten dieser sogenannten Zyklone nach Nordeuropa hinein, und auf einer über die Nordsee führenden Achse ziehen sie mit besonderer Vorliebe entlang.

Westwindtrift

Es ist die Unterseite der „Tiefs", die man dort zumeist zu spüren bekommt. Da sich die Luft um diese Druckgebilde auf der Nordhalbkugel der Erde grob gesehen gegen den Uhrzeigersinn bewegt, herrschen im Nordseebereich **Westwinde** vor. Man spricht auch von der Westwindtrift und versteht darunter eine Art Korridor, in dem es über einen großen Teil des Jahres aus Richtungen von Südwest bis Nordwest weht.

Tiefdruckgebiete sind nicht nur Winderzeuger, sie bringen durch den Zusammenprall verschieden temperierter Luftmassen auch **Niederschläge** mit sich. Wenn ein Amrumer Fischer bei „Südwesten Wind" also prüfend die Luft schnuppert und „Schlechtwetter" ankündigt, dann steckt dahinter keine urzeitliche Naturmenschenweisheit, sondern ganz elementares Meteo-Wissen. Das kann man sich natürlich auch selber aneignen und den Wetterfrosch spielen, ohne allzu viel falsch zu machen. Wer für seine Eigenanalyse vor der allgemeinen Bekanntgabe eine Bestätigung braucht, ruft halt den Wetterdienst an (Tel. 0190-116002), aber wahrscheinlich liegt der auch nicht viel richtiger.

Wetterabfolge

Ist ein **Tief** mit seinem Schlechtwetter vorbeigezogen (wir wollen hoffen, dass es nicht stehen bleibt, was mitunter auch vorkommt), so dreht der **Wind auf nördliche Sektoren.** Es klart auf, und die zunehmende Kühle wird durch viel Sonnenschein zumeist wieder ausgeglichen. In der Regel rückt **Hochdruck** nach (der immer durch nördliche Winde angekündigt wird), und man kann sich dann auf angenehmes Badewetter freuen.

Bei dieser Konstellation zwischen Zyklon und Antizyklon ergeben sich gera-

Sturm und Wellen

Im Folgenden werden die Windstärken nach der **Beaufort-Skala** (1–12) mit den jeweils charakteristischen Bewegungen der See aufgelistet.

Bft	km/h	Wind	Zustand der See
0	< 1	Stille	Spiegelglatt
1	1–5	Leiser Zug	Leicht gekräuselt
2	6–11	Schwache Brise	Kleine, kurze Wellen mit glasigen Kämmen
3	12–19	Leichte Brise	Kämme beginnen zu brechen; mitunter treten kleine, weiße Schaumköpfe auf
4	20–28	Mäßige Brise	Wellen werden länger und Schaumköpfe häufiger
5	29–38	Frische Brise	Wellen mäßiger Höhe, aber schon von ausgeprägter langer Form; überall weiße Schaumköpfe; vereinzelt etwas Gischt
6	39–49	Starker Wind	Wellen bauen sich auf; Kämme brechen und hinterlassen größere weiße Schaumflächen; etwas Gischt.
7	50–61	Steifer Wind	Die See beginnt sich zu türmen; der weiße Schaum der Brecher legt sich in Streifen zur Windrichtung
8	62–74	Stürmischer Wind	Mäßig hohe Wellenberge mit langen Kämmen; Gischt beginnt abzuwehen und die Luft zu füllen; ausgeprägte Schaumstreifen in Windrichtung
9	75–88	Sturm	Hohe, „rollende" Wellenberge mit dichten Schaumstreifen in Windrichtung; beginnende Sichtbeeinträchtigung durch Gischt
10	89–102	Schwerer Stum	Sehr hohe Wellenberge mit langen, überbrechenden Kämmen; schweres, stoßartiges Rollen der See; Sichtbeeinträchtigung durch Gischt
11	103–117	Orkanartiger Sturm	Außergewöhnlich hohe Wellenberge; durch Gischt herabgesetzte Sicht
12	118–133	Orkan	Luft mit Schaum und Gischt angefüllt; See völlig weiß; jede Fernsicht hört auf

de auf Amrum manchmal **Tage von geradezu unirdischer Grandiosität,** an denen die Horizonte auf Grund der extremen Klarheit der Luft eng zusammenrücken, der Himmel sich blaut wie in einem mexikanischen Film und Wolkenbastionen entstehen, die in sonnendurchglühte tropische Gefilde zu gehören scheinen. Diese Tage sind das Eldorado des Naturästheten, aber auch des Fotografen. Das weitere Umfeld der Insel, namentlich der prächtige Kniepsand (s.u.), ergibt dann eine geradezu perfekte Kombination mit der Schönheit der Atmosphäre und des Himmels, die zu unwirklichen Bildern führt. Auf keinen Fall also die Fotokamera vergessen!

Ein Wort zu **Fotoapparaten:** Wer sie an den Strand mitführt, sollte für ausreichenden Schutz sorgen. Eine Kamera, die nass wird, vornehmlich mit Salzwasser, ist nicht mehr reparaturfähig. Gerät Sand ins Getriebe, schon bei einigem Wind ein Leichtes, beginnt darin das ganz große Knirschen und die Mechanik ist innerhalb kürzester Zeit kaputt. Eine Plastiktüte ist das Allermindeste, um den teuren Knipskasten vor Schaden zu bewahren.

Weiterhin Supersommer?

Es steht mit einigem Zweckoptimismus zu erwarten, dass es in Zukunft mehr schöne Tage denn je geben könnte. Die **1990er Jahre** hatten dem Nordseeraum eine Serie herrlicher Sommer beschert, in denen sich stets satter Hochdruck aufbaute und lange stationär blieb. Wenn es auch keiner genau weiß, mag sich diese Wetterlage mit einiger Permanenz einstellen, vielleicht liegt's ja an der hassgeliebten Erderwärmung.

Die nordfriesischen Inseln haben einen gewissen Heimvorteil, denn sie gelten als ganz **spezielle Gutwetterzone** mit weitaus mehr Sonne, als dem Festland vergönnt ist. (Auf Pellworm gibt es sogar ein großes Solarkraftwerk.)

Aber langfristige **Prognosen** sind im Wetterwesen leider nicht möglich. Kurzfristige Vorhersagen über das Amrumer Wetter lassen sich tagesaktuell unter www.amrum.de abrufen, aber auch Radio und Fernsehen liegen innerhalb von drei Tagen einigermaßen richtig.

Blitz und Donner

Hohe nördliche Breiten schließen **Gewitter** keineswegs aus. Und nicht nur der Sommer ist ihre Domäne. Im Winter führen sogenannte Kaltfronten ebenfalls zu Blitz und Donner, mitunter heftiger als infolge sommerlicher Schwüle.

Gewitter sind, wie jedes Kind weiß, gefährlich. Ein besonders hohes Risiko besteht für **Strandwanderer,** die wie Blitzableiter aus der allgemeinen Ebene ragen und dann buchstäblich sehr anziehend sind. Bei Annäherung eines Gewitters – und nicht bereits stattfindender Entladung in nächster Nähe – verlasse man schleunigst flaches Gelände und suche Schutz in Gebäuden. Strandkörbe sind ungeeignet, doch die Buden am Nebeler Strand (siehe weiter unten: „Kunst am Kniep“) bieten guten Schutz. Im freien **Dünengelände** hocke man sich in eine Mulde. Von Fahrrädern und Pferden absteigen! Völlige Sicherheit bietet ein Auto, aber nicht aus Plastik; man lasse sich gegebenenfalls einladen.

Die statistische Wahrscheinlichkeit, vom Blitz getroffen zu werden, ist verschwindend gering. Immerhin rund hundertmal pro Jahr kommt es in deutschen Landen aber dazu, und man muss die Statistik ja nicht unbedingt durch sich selbst erweitern. Zudem ist es bestimmt gut zu wissen, dass man einem **Blitzopfer helfen** kann. Der Schlag führt womöglich zu Atem- und Herzstillstand, und die Funktionen der betroffenen Organe lassen sich mittels gezielter Maßnahmen dann wieder in Gang bringen. Durch gleichzeitige Mund-zu-Mund-Beatmung und Herzmassage bestehen gute Aussichten, einen betäubten Patienten zu reanimieren. Diese Maßnahmen müssen allerdings ohne Verzug vorgenommen werden; nach ein paar Minuten ist es zu spät. Im Übrigen ist ein vom Blitz getroffener Mensch keineswegs „elektrisch aufgeladen" und kann ohne weiteres berührt und bewegt werden.

Licht und Schatten

Riskantes Lichtbad

Man fährt an See und Strand, um die **Sonne** zu **genießen** und braun zu werden. Dazu bestehen auf Amrum beste Aussichten. Denn nicht nur scheint's von oben, sondern der viele, viele weiße Sand reflektiert auch von unten – man wird also schön gleichmäßig „durchgebacken". Das ist angenehm. Aber es hat sich bestimmt schon herumgesprochen, dass **Sonne im Übermaß nicht gesund** ist für den Menschen. Im Nordseebereich hat die aufgeweichte Ozonschicht in jüngster Vergangenheit für eine fühlbare Zunahme der schädlichen Strahlung gesorgt, die im Extremfall zu bösartigem Hautkrebs führt und welche überhaupt die menschliche Schwarte arg runzeln und altern lässt.

Dünenlandschaft

017am rh

Verhütungsstrategien

Die **Strahlungsschäden** finden im Verborgenen statt. Der Keim für ein Karzinom wird in den tieferen Hautschichten gelegt, und die Krankheit entfaltet sich in der Norm viele Jahre später. Besonders gefährdet sind Kleinkinder, deren dünne Haut für schädliche Strahlen durchlässiger als die von Erwachsenen ist. „Der Zusammenhang zwischen der Anzahl frühkindlicher Sonnenbrände und dem Risiko, später an schwarzem Hautkrebs zu erkranken, gehört zu den gesicherten Erkenntnissen der Melanomforschung", sagt eine bekannte Dermatologin dazu.

Einigermaßen beikommen kann man der Gefahr durch **Sonnenschutzmittel,** die je nach Faktor mehr oder weniger Strahlung abblocken. Hautärzte warnen allerdings davor, dass die Lotionen mit

den höchsten Schutzfaktoren diverse Chemikalien enthalten, die auch nicht gerade zur Gesundheit beitragen. Ebenso verführt das Auftragen der Schutzmittel dazu, dass man sich länger als geboten in der Sonne aufhält und sich durch das ausgeschaltete Warnsignal des Sonnenbrandes ein eher höheres Risiko aufsackt. Dieserart, sagen die Forscher, wird der Strahlung Gelegenheit gegeben, zunächst verborgene Schäden anzurichten. Denn perfekten Schutz bieten alle Mittelchen nicht. Man mag einem Sonnenbrand entgehen, aber zur unerkannten Krebsbildung kann es trotzdem kommen.

Umgekehrt führt Sonnenbrand keineswegs automatisch zu Krebs. Um den Schmerz zu lindern, nehme man eine kühle Dusche und pudere die betroffenen Stellen dann mit Talkum ein. Eine

Massig Werkzeuge für den Burgenbau

milde fettarme Creme ist ebenfalls hilfreich. Außer in schweren Fällen belästige man keinen Arzt. Ein etwaig losgetretenes Karzinom kann er in dieser Phase eh nicht finden noch das Geringste dagegen unternehmen.

Die Dermatologen Deutschlands haben gut mit dem malignen Melanom und anderen Hautkrebsarten zu tun. Zwar gibt es bereits, gute Nachricht, zur Therapierung des am häufigsten vorkommenden sogenannten Basalioms eine Salbe, die das garstige Herausschneiden unnötig macht. Dennoch ist Vorsicht besser als Nachsicht. Die Dermatologen raten dazu an, die Sonne wenigstens während der stärksten Strahlungsphase (etwa von 11 bis 15 Uhr) zu meiden. Dies gilt auch für einen bewölkten Himmel, der immer noch jede Menge UV durchlässt. Statusbraun wird man sowieso. Gerade an der Nordsee, und nicht zuletzt auf Amrum, ist viel Streustrahlung vorhanden, die zu satter Pigmentierung beiträgt.

Am besten führt man ständig seinen eigenen Schatten mit. Nämlich in Gestalt eines **Sonnenschirms** oder **breitrandigen Hutes.** Beim Baden ist schon ein **T-Shirt** hilfreich. In tropischen Ländern wissen sich Einheimische dieserart perfekt (und spottbillig!) vor der Sonne zu schützen – weshalb sollte das hier nicht gehen?

064am rh

Meer und Ökologie

Beginnende Verschmutzung

Millionen Jahre lang war die Nordsee so blitzsauber wie ein tropisches Korallenmeer. Selbst als sich ihre Gestade in der Neuzeit immer mehr mit Menschen bevölkerten, blieb es zunächst beim Status quo. Zu anfänglicher Verschmutzung der Nordsee kam es mit der **Industrialisierung,** und auch dann sehr zögerlich. Massive Eingriffe in die gesunden Verhältnisse setzten erst mit der Umstellung kohlebetriebener Maschinen auf Öl zur Wende ins 20. Jahrhundert ein, und sie wurden rasch mehr. Dazu gesellten sich die Abfälle zahlloser Fabriken, namentlich der chemischen, und später der wegen ihrer ausgelaugten Äcker immer intensiver betriebenen **Landwirtschaft.** Der meiste Dreck dieser Art gelangte über die Flüsse in die See. Auf mehr oder minder direktem Wege gaben auch die zu Millionenscharen angewachsenen **Anrainer** ihren üblen Senf dazu.

Eintragungen und Freisetzungen

Zu Beginn der zweiten Hälfte des 20. Jahrhunderts war die Nordsee dreckig wie noch nie. Und da sich die politisch bereitwilligst akzeptierte Legende einer „unbegrenzten Absorptionsfähigkeit des Meeres" allerseits breit gemacht hatte, wurde jetzt erst recht ohne Hemmungen „eingetragen" und „freigesetzt" – auch hübsches neues Umschreibungs- und Verharmlosungsvokabular für die kriminellen Aktivitäten entstand zu gleicher Zeit. In den **60er, 70er und 80er Jahren des 20. Jahrhunderts** nahm man als selbstverständlich hin, dass Badegäste mit „Teerfüßen" vom Strand zurückkamen und wegen des Schmierkrams mit ihren Pensionswirtinnen in Konflikt gerieten. Tausende von Handelsschiffen kippten ihre Tankrückstände damals in die alles absorbierende Nordsee, und die immer zahlreicher gewordenen Ölbohrplattformen kleckerten kräftig mit – auf das eine oder andere Tönnchen kam's dann auch nicht mehr an. Dazu flossen Chemikalien schlimmster Zusammensetzung, manche von beklemmender Lebensfeindlichkeit, ungehindert in den „industriellen Nachttopf", wie erste kritische Geister das deutsche Hausmeer nachdenklich zu nennen begannen. Es kam zu Fischsterben, Vogelsterben, Seehundsterben. Da kein nachweisbares Menschensterben zu verzeichnen war (obwohl sich zahlreiche Giftrückstände am Ende der Nahrungskette in der Krone der Schöpfung anreichern), ging es eine Zeit lang aber noch lustig weiter mit dem Eintragen und Freisetzen.

Ökologie wird Pflichtfach

Schon frühzeitig wuchs in einigen hellen Köpfen die Erkenntniss, dass das ungehemmte Treiben nicht weitergehen könne, dass man den Ast abzusägen im Begriff war, auf dem man saß. Begriffe wie „Umweltschutz" und „Ökologie" wurden geboren, die rasch an Dimension gewannen und sich schließlich zum Politikum entwickelten. Im Jahre 1985 wurde das Konzept des **„Nationalparks Wattenmeer"** ins Leben gerufen, das große Teile der gesamten südlichen Nordseeküste von den Niederlanden bis Dänemark unter Schutz stellen sollte (seit 06/09 sogar **UNESCO-Weltnaturerbe,** s. Kapitel „Die Natur").

Der Plan, ein 525.000 Hektar großes Naturreservat zu schaffen, stieß unter den Küstenbewohnern, vornehmlich in Schleswig-Holstein, auf heftigste Ablehnung. Man sah lang etablierte Pfründe in Gefahr, befürchtete etwas nie Dagewesenes, nämlich mit der Natur teilen zu müssen. Das Konzept wurde jedoch ohne Verzug gegen alle Widerstände durchgepaukt, was seine wahre Dringlichkeit unter Beweis stellt. Nach und nach ging es darauf auch den industriellen Großverschmutzern an die Wäsche. Das Verschwinden der DDR trug zudem erheblich zu einer saubereren Welt im Nordseeraum bei.

Sichtbare Besserung

Der neue politische Kurs, das allgemeine Umdenken, die handfesten Taten – das alles hat seither Früchte getragen. Der Nordsee geht es wieder besser. Gut noch lange nicht, denn der Prozess der **Renaturierung** hat gerade erst begonnen. Man sehe sich den Zeitrahmen an: Nach den eingänglichen Millionen von Jahren ist just vor nicht einmal einer menschlichen Generation, einer lächerlich kurzen Spanne also, ernsthaft etwas Positives in Gang geraten. Und das steht ohnehin immer noch **auf gefährlich fragilen tönernen Füßen.** Jedes auf einen ökonomischen Abschwung deutende Schreckwort („Arbeitslosigkeit!") kann alles wieder zunichte machen; jeglicher Versuch, Schutzgebiete neu einzurichten oder zu erweitern, löst Stürme von Protesten aus – die schleswig-holsteinischen Krabbenfischer taten sich an vorderster Front dabei hervor.

Wie jeder Kurgast aber am eigenen Leibe erfährt, setzt ein heiler Mensch eine heile Umwelt voraus. Und für die Insulaner trifft das umgekehrte Motto zu: Keine Natur, keine Gäste. Da Amrum fast zur Gänze vom **Tourismus** lebt, der den etwa 2200 Insulanern jährlich einen Umsatz von geschätzten 125 Mio. Euro beschert, gibt es auch gar keine Alternative. Das große Konzept muss mithin nicht nur fortgesetzt, sondern es muss ständig an seiner Verbesserung gearbeitet werden. (Mehr zum Thema „Nationalpark Wattenmeer" im Kapitel „Geschichte und Natur".)

Wasser „sehr gut"

Wie sauber ist die Nordsee heute vor Amrum? Aus dem alljährlichen **Wassertest** des ADAC geht unser Meer stets picobello hervor. Dazu ist jedoch anzumerken, dass lediglich auf das Vorhandensein von Kolibakterien, also im Zusammenhang mit fäkalen Abwässern, untersucht wird und ganz bestimmt nicht auf die Präsenz von Tausenden von Tonnen unverbrannter Motorentreibstoffe, die pro Jahr aus der Atmosphäre abregnen. Was menschlich-organische Hinterlassenschaften angeht, ist die Nordsee im Bereich der nordfriesischen Inseln in der Tat über jeden Verdacht erhaben, denn die Klärwerke und -methoden sind vom Feinsten. Wenn irgend etwas hier braun und trübe in der Nordsee schwappt, so handelt es sich um natürliche Schlick-, Algen- und Planktonpartikel, die keineswegs gesundheitsschädlich sind – eher im Gegenteil.

Die Frage des ökologischen Gleichgewichts bleibt bei den Tests allerdings unbeantwortet und die **Existenz schädlicher chemischer Stoffe und Schwermetalle** außen vor. Der Anteil solcher Substanzen im Seewasser liegt auch nicht auf einem Niveau, das dem Menschen unmittelbaren Schaden zufügen würde, sofern er das Nass nicht gleich eimerweise trinkt. Eine „toxische Gesamtsituation" ist aber auch weiterhin nicht wegzureden, und Schadstoffe sind Bestandteil diverser Kreisläufe. Mit „Grenz-" und „Verträglichkeitswerten" an diesem Status herumzubasteln, erscheint wenig sinnvoll. Man könnte genauso gut testen, wie viel Leiden ein Kranker erträgt, bis er stirbt, und anschließend versuchen, ihn wieder zum Leben zu erwecken. Zu

Pallas: Pleiten, Pech und Pannen

Seit Menschengedenken waren Schiffe auf den Amrumer Strand getrieben und hatten den Insulanern immer wieder zu einträglichen Geschäften verholfen (siehe „Geschichte"). Doch auf das Präsent, das die Nordsee im Oktober **1998** den Amrumern machte, hätten sie bestimmt gern verzichtet.

Am 25. jenes Monats gerät der 147 Meter lange, auf den Bahamas registrierte **Frachter „Pallas"** 75 Seemeilen vor der jütländischen Küste in Brand. Im Nu stehen 2500 Tonnen Schnittholz in hellen Flammen. Löschversuche sind erfolglos; das Schiff muss verlassen werden. In einer dramatischen Rettungsaktion wird die Besatzung von dänischen und deutschen Hubschraubern abgeborgen, ein Mann kommt dabei ums Leben. Die rot glühende „Pallas" treibt herrenlos auf die nordfriesischen Inseln zu.

In den nächsten 48 Stunden misslingen alle Versuche, den Havaristen in stürmischer See nach Cuxhaven zu schleppen. Diese Bemühungen verringern lediglich die Distanz zur Küste. Am 30. Oktober läuft die „Pallas" acht Kilometer **südwestlich von Amrum auf Grund;** 500 Liter Öl treten ins Freie. Neuerliche Bergungsbemühungen schlagen fehl. In Ministerien und Krisenstäben herrscht Chaos, man wirft sich gegenseitig Unfähigkeit, Überforderung und Schlimmeres vor. Ein Politiker aus dem warmen Binnenland übt Kritik, man habe „das Problem treiben lassen, als ob es ein Schwelbrand in einer Frittenbude gewesen wäre."

Bis zum 7. November verliert das Geisterschiff weitere 20 Tonnen Öl. Obwohl diverse „Teppiche" an die Strände schwappen, kommen die Inseln relativ glimpflich davon; Amrum erhält sogar weniger Dreck als Föhr. Doch dem Fremdenverkehrsgewerbe wird auch so schwerer Schaden zugefügt. Und das große **Vogelsterben** beginnt. Bis zum Ende der Tragödie werden 16.000 Seevögel durch mehr als 50 Tonnen Öl getötet. Am 20. November dockt eine holländische Hubinsel an die „Pallas" an, um verbliebenes Öl zu leichtern. Danach beginnen Fachleute, die Aufbauten abzutragen und den auseinanderbrechenden Schiffsrumpf mit Beton sowie einer Kunststoffmasse abzudichten

017aam rh

und zur Gänze mit Sand zu füllen. Durch sein Eigengewicht in die Tiefe gezogen, ist das Wrack heute so gut wie verschwunden; aus dem an Tschernobyl gemahnenden Sarkophag tritt kein weiteres Öl mehr aus.

Kann sich eine solche Tragödie wiederholen? Jederzeit! Es ist sinnlos, im Nachhinein darüber zu spekulieren, was alles falsch gemacht wurde, weshalb das Holz überhaupt in Brand geraten konnte. Aber an menschlicher Unzulänglichkeit hat sich nicht das Geringste geändert; die Gefahrenabwehr an den deutschen Küsten taugt weiterhin nicht viel. Und wer kommt für die horrenden Kosten der Bergungs- und Säuberungsaktionen auf? Zum größten Teil der Steuerzahler. Das ist am einfachsten. Im Fall „Pallas" belief sich die Rechnung für den deutschen Michel auf über 10 Millionen Mark.

denken geben sollte, dass die toten Seehunde beim großen Sterben 1988/89 und nochmals 2002 als „Sondermüll“ beseitigt werden mussten, weil die Kadaver extrem hohe Giftanreicherungen enthielten …

Heile Welt

Ein paar Öko-Fragen und -Antworten

Gibt es über der Nordsee ein **„Ozonloch“?**

Nein. Dieser Terminus wird erst angewendet, wenn der Ozonschild der Erde zu mehr als der Hälfte durchlöchert ist. Das trifft über der Nordsee nicht zu. Von einer „Aufweichung“ gegenüber früheren Verhältnissen kann aber durchaus gesprochen werden.

Ist es schädlich, **beim Schwimmen Nordseewasser zu schlucken?**

Nein. Seewasser wird ja sogar zu „Kurzwecken“ getrunken (obwohl diese Labe aus dem fernen Atlantik stammt). Auch das aufgenommene Salz ist, zumal in dieser schwachen Dosierung, für den Menschen weitaus unschädlicher, als bislang vermutet wurde. Salz im Mund ist, weil bakterizid, sogar gut für die Zahngesundheit, und Salzwasser in Nase und Stirnhöhle gilt aus dem gleichen Grund als bestes Mittel gegen Schnupfen.

026am rh

Aber kann man sich im **rauen Nordseeklima nicht leicht erkälten?**

Jein. Für viele Inselbesucher, namentlich Kinder, beginnen die ersten Tage an der See in der Tat mit einer laufenden Nase. Völlig normal. Alsbald folgt Besserung, Gewöhnung und dann Abhärtung.

Ist der an den Stränden insbesondere im frühen Sommer auftretende **„Algenschaum“ ein Zeichen für ökologische Instabilität?**

Nein. Die durch Überdüngung aus landwirtschaftlichen Quellen hervorgerufene Erscheinung ist zwar vermeidenswert und unappetitlich, aber ansonsten harmlos. Es handelt sich um Eiweißzerfallsstoffe einiger Algenarten, die durch mechanische Einwirkungen (Wellenschlag) entstehen.

Gibt es ein **Amrumer Pendant zum „Föhrer Dosenschwur“?**

Ja. Die genannte Eidesformel bezieht sich auf eine totale Vermeidung von Einwegmaterial auf der Insel Föhr. Die Amrumer Einzelhändler haben sich eine ähnliche Verpflichtung abgerungen – aber hundertprozentig eingehalten wird sie nicht. Am besten, man hält sich als Konsument an einen privaten Dosenschwur, indem man kein Einwegmaterial kauft, winzige Portionspackungen und Plastiktüten ablehnt und unverpackte Frischware abfallträchtigen Angeboten vorzieht.

Mein Pensionswirt „spritzte“ seine Rosen mit einem kommerziellen Insektizid. Ist das erlaubt? Nein. „Harte“ chemische Mittel sind auf den Inseln streng verboten. Einige Insulaner halten sich aber nach dem Motto „Das gilt nicht für uns!“ keineswegs daran.

Friesen und Deutsche

„Hartelk welkimen üüb Oomram!" Das heißt auf Amringisch (= Amrumer Friesisch) „Herzlich willkommen auf Amrum!" und klingt vielleicht etwas exotisch. Doch die **Verwandtschaft mit der hochdeutschen Sprache** kann man aus dem Vokabular recht mühelos herauslesen. Sie lässt den Rückschluss zu, dass es sich bei den Amrumern um Deutsche wie Sie und ich handelt, die nur einen etwas abweichenden Dialekt sprechen. Genau das wird von einigen **Amrumer Dickköppen** aber bestritten. Sie möchten etwas Besonderes sein auf ihrer kleinen Sprach- und Sandinsel, umgeben von 99,99 Prozent (das ist die genaue Relation, Föhr und Sylt mit inbegriffen) Deutschen. Selbige sind die Touristen, und die bringen das Geld. Ansonsten möchten die Mundartsprecher mit den „Ausländern" möglichst wenig zu tun haben.

Vielleicht ist diese Haltung ein wenig **Überbleibsel aus der Zeit nach 1864.** Bis dahin gehörte Amrum zum Großdänischen Reich. Dann brach der preußisch-dänische Krieg aus, und die Deutschen galten als Feinde. Zwar nahmen die Amrumer nach keiner Seite aktiv Partei. Doch dass sie anschließend plötzlich zu Preußen gehörten, passte ihnen überhaupt nicht. Großes Missfallen erregten die Eingriffe der berüchtigten Bürokratie der neuen Herren in alle Lebensbereiche, vor allem die verschärften Bestimmungen für den Erwerb von Seepatenten und der Militärdienst. Beides war ausschlaggebend für eine machtvolle Auswanderungswelle im letzten Viertel des 19. Jahrhunderts und gewiss auch für ein bis heute erhalten gebliebenes Misstrauen gegenüber allem Fremden.

Glücklicherweise treibt das Friesentum auf Amrum aber nur noch wenige skurrile Blüten dieser Art. Zwar wird immerhin die **alte Sprache** an den Schulen gelehrt, die Insulaner sprechen sie vielfach untereinander (damit die Gäste nichts verstehen). Orts- und Straßenschilder sehen für den Inselbesucher ebenfalls recht fremdartig aus: Süddorf zum Beispiel ist „Söösareep", Norddorf „Noorsareep", und die Ausländer kommen aus „Sjiisklun" = Deutschland. (Weil Friesisch keine Schriftsprache ist, gibt es auch andere Schreibweisen.) Doch da die Amrumer allesamt einwandfreies Hochdeutsch beherrschen, muss man das Inselpatois nicht unbedingt lernen. Es sei denn, man hat Freude daran. So schwer ist es auch gar nicht, und es gibt Lehrbücher.

Amrum mit Zähnen

Die Deutsche Post hat sich 2009 ein hübsches Briefmarkenmotiv einfallen lassen, und zwar den Leuchtturm von Amrum, der am 1. Januar 1875 kurz vor Sonnenuntergang seinen Betrieb aufnahm und noch heute in voller Pracht erhalten ist (siehe Sehenswertes).

Und nicht nur das. Im Zuge eines Preisausschreibens wurde die Marke in neun Teile zerlegt, und wer sie richtig zusammenpappte, konnte sie einsenden und einen Preis gewinnen. Das kann man (aus diesem Buch heraus) immer noch, aber einen Preis gibt es nicht mehr …

amrum1

amrum2

Essen und Trinken

An der Küste, auf den Inseln, isst man **„deftig“.** Das heißt: dem zumeist rauen Klima angepasst und kalorienreich. Im norddeutschen Schwarzbrot befinden sich dicke eingebackene Körner, und man kann mit Fug und Recht „Vollkorn“ dazu sagen. Einen Schlag Butter drauf, und schon hat man eine hübsche Mahlzeit.

Granat

Vielleicht mit Garnelen als Dreingabe, die als echte Küstenspezialität gelten und gerade auf Amrum besonders fein schmecken? Nur zu. Die „Granat“ (man sagt auf Amrum auch „Porren“) finden sich in allen Fischgeschäften, wenn sie auch **nicht gerade billig** sind. Zeitweilig kletterte der Preis so hoch, dass manche Nebeler Restaurants die Tierchen von der Speisekarte nahmen, beziehungsweise sie durch grönländische Tiefsee-

shrimps ersetzten. Mit etwas Abenteuer- und Unternehmungsgeist kann man Granat **direkt vom Kutter** kaufen. Viel billiger sind sie dort allerdings auch nicht. Außerdem gibt es nur ein einziges Fangschiff auf Amrum, und nicht einmal ein Einheimischer steuert es, sondern ein „zugereister“ Weserfischer. Der Kutter legt am Jachthafen an, wann genau, kann man von den Kurverwaltungen erfahren.

⌃ Granat satt

Frischer Fisch

Dass mit einem solitären Fänger im Hafen das Etikett „fangfrisch“, das **Fischmahlzeiten in Restaurants** meist aufgepappt wird, nicht immer so recht stimmen kann, erscheint logisch. Aber andere Fischereifahrzeuge sind nicht allzu fern. In Wyk sind diverse beheimatet, und Dänemark ist ja auch gleich um die Ecke. Deshalb findet man in Amrums Speisestätten wirklich ungewöhnliche und manchmal sogar etwas fragwürdig klingende Arten von Meeresbewohnern

019am rh

(„Silberfisch“). Doch daran sollte man sich nicht stören, denn das Angebot ist immer vom Feinsten.

Matjes

Das gilt auch für den leckeren Matjes-Hering, der sich ohnehin ewig hält und nicht auf Eis gelegt werden muss. Er kommt zumeist aus Emden, wo man ihn großindustriell herstellt, und er ist immer von solch edler **Qualität,** dass man ihn auch „Kaviar der Nordsee“ nennt. Man kann ihn übrigens ohne weiteres am Schwanz packen und mit einem Minimum an Kautätigkeit den Schlund hinabgleiten lassen, denn das ist die akzeptierte **Verzehrmethode.** Im Restaurant macht man das allerdings nicht, zumal die diversen Beilagen (Pellkartoffeln und Zwiebelringe) dabei hinderlich wären. Das weiterhin Angenehme am Matjes ist, dass sein Salzgehalt zwangsläufig zu erheblichem Durst führt. Und damit wären wir beim Thema …

Schnaps

Dass jeder **Seemann** „zum Aufwärmen“ ständig eine Schnapsbuddel bei sich hat und sich aus ihr auch freizügig bedient, wird von vielen Binnenländern offenbar fest geglaubt. In der Realität wird man allerdings keinen Seefahrer „mit Fahne“ finden, und ganz zuletzt bestimmt auf den Fähren, wo null Promille regieren.

Dass die Insulaner schon man ‘n Lütten zu sich nehmen, zum Beispiel den legendären Wittdüner „Hafenmeisterpunsch“ (Inhalt geheim), entspricht aber durchaus den Tatsachen. Ein Aufschrei des Entsetzens gellte durch den deutschen Blätterwald, als ein Amrumer Vizebürgermeister auf einem Feuerwehrfest den Sohn, 14 Jahre alt, an seinem Wodkaglas nippen ließ … und man legte ihm von allen Seiten den Rücktritt nahe.

Der wackere Politiker verstand die Welt nicht mehr. „Schnaps wird doch auf vielen Kindergeburtstagen getrunken“, argumentierte er hilflos. Stimmt. Das kann man schon bei Zille nachlesen. Und heimlich tun sie’s ja sowieso.

020am.rh

Tee

Im Gebiet von Ostfriesland führte die Geistlichkeit im 17. Jahrhundert das Teetrinken ein, weil der Konsum von Alkohol überhand nahm. Die Nordfriesen trinken ebenfalls Tee, machen aber nicht soviel davon her wie die Brüder und Schwestern in Emden und Aurich. Auch mischen sie schon mal einen Schuss Köm (Schnaps) in das Gebräu; das Elixier nennt sich dann „Friesenpunsch".

Dennoch steht Tee auch im Norden unter den nichtalkoholischen Getränken an erster Stelle, und wer ein **Teehaus** aufsucht, wird eine erstklassige Labe dieser Art kredenzt bekommen. Direkt vor Ort, in der Norddorfer **„Tee-Insel"** nämlich, wo 150 Sorten des würzigen Krautes angeboten werden, kann man sich ebenfalls informieren.

Anderes Friesisches

Wer etwas anderes echt Friesisches unbedingt einmal probieren möchte, sei auf den **„Pharisäer"** verwiesen, den es in Cafés gibt. Es handelt sich um Kaffee mit einem Schuss Rum und einem Sahnehäubchen. Eine feine Sache, aber zu überlegen wäre, ob man 4,10 € für eine Tasse ausgeben will. Auch wenn „die siebte Tasse gratis ist", wie eine Kneipe als Gag offeriert.

Das gleiche Getränk auf Kakaobasis nennt sich übrigens **„Tote Tante".** Ein witziger Name – nur die Tanten lachen wahrscheinlich nicht darüber.

Übrigens glauben viele Menschen immer noch, dass Hochprozentiges „gut für die Verdauung" sei und die Einnahme einer schweren Mahlzeit wesentlich erleichtert. Doch diese Mär ist medizinisch längst widerlegt. Im Gegenteil, Schnaps verdünnt nämlich die Magensäure und verlangsamt die Verdauung. Zudem hemmt Alkohol den Fettabbau. Das heißt: Der Trinker wird selber fett.

[<] Ein rares Inselprodukt

063am rh

6 Anhang

„Jemand hat mir einen Korb gegeben …“

043am rh

Langfristige Sommerferienregelung

Bundesland	2016	2017	2018
Baden-Württemberg	28.07.–10.09.	27.07.–09.09.	25.07.–08.09.
Bayern	30.07.–12.09.	29.07.–11.09.	29.07.–10.09.
Berlin	20.07.–02.09.	20.07.–01.09.	04.07.–17.08.
Brandenburg	21.07.–03.09.	20.07.–01.09.	04.07.–17.08.
Bremen	23.06.–03.08.	22.06.–02.08.	27.06.–08.08.
Hamburg	21.07.–31.08.	20.07.–30.08.	04.07.–15.08.
Hessen	18.07.–26.08.	03.07.–11.08.	24.06.–03.08.
Meckl.-Vorpommern	25.07.–03.09.	24.07.–02.09.	08.07.–18.08.
Niedersachsen	23.06.–03.08.	22.06.–02.08.	27.06.–08.08.
Nordrh.-Westfalen	11.07.–23.08.	17.07.–29.08.	15.07.–28.08.
Rheinland-Pfalz	18.07.–26.08.	03.07.–11.08.	24.06.–03.08.
Saarland	18.07.–27.08.	03.07.–14.08.	24.06.–03.08.
Sachsen	27.06.–05.08.	26.06.–04.08.	01.07.–10.08.
Sachsen-Anhalt	27.06.–10.08.	26.06.–09.08.	27.06.–08.08.
Schleswig-Holstein	25.07.–03.09.	24.07.–02.09.	08.07.–18.08.
Thüringen	27.06.–10.08.	26.06.–09.08.	01.07.–11.08.

Literaturhinweise

- *Detlefsen, G. U.,* **Wyker Dampfschiffs-Reederei Föhr-Amrum GmbH,** Detlefsen/W.D.R., Bad Segeberg/Wyk 1993. Der Werdegang der W.D.R. (mit zahlreichen interessanten historischen Bildern).
- *Hanewald, Roland,* **Insel Föhr,** Reise Know-How Verlag, Bielefeld. Der Autor des vorliegenden Buches beschreibt im gleichen Stil Amrums Nachbarinsel Föhr.
- *Krüger, Hans* (Hg.), **Amerika-Auswanderer von Föhr und Amrum, Band I,** bu-bu Verlag, Wyk auf Föhr, k. J. Von Amrum ist in dem Buch weniger die Rede als von Föhr. Ein zweiter Band erschien nicht mehr, weil der Herausgeber unglücklicherweise verstarb.

HILFE!

Dieser Reiseführer ist gespickt mit unzähligen Adressen, Preisen, Tipps und Infos. Nur vor Ort kann überprüft werden, was noch stimmt, was sich verändert hat, ob Preise gestiegen oder gefallen sind, ob ein Hotel, ein Restaurant immer noch empfehlenswert ist oder nicht mehr, ob ein Ziel noch oder jetzt erreichbar ist, ob es eine lohnende Alternative gibt usw.

Unsere Autoren sind zwar stetig unterwegs und versuchen, alle zwei Jahre eine komplette Aktualisierung zu erstellen, aber auf die Mithilfe von Reisenden können sie nicht verzichten.

Darum: Schreiben Sie uns, was sich geändert hat, was besser sein könnte, was gestrichen bzw. ergänzt werden soll. Nur so bleibt dieses Buch immer aktuell und zuverlässig. Wenn sich die Infos direkt auf das Buch beziehen, würde die Seitenangabe uns die Arbeit sehr erleichtern. Gut verwertbare Informationen belohnt der Verlag mit einem Sprechführer Ihrer Wahl aus der über 220 Bände umfassenden Reihe „Kauderwelsch". Bitte schreiben Sie an:

Reise Know-How Verlag, Peter Rump GmbH | Postfach 140666 | D-33626 Bielefeld
oder per E-Mail an: info@reise-know-how.de

Danke!

Sommer

Niedrigwasser/Sturm: Aktuelle Infos zu Fahrplanänderungen unter www.faehre.de

Montag – Freitag | 25.6.-4.9.2016

Dagebüll nach Föhr	Föhr nach Dagebüll	Dagebüll nach Amrum	Amrum nach Dagebüll	Föhr nach Amrum	Amrum nach Föhr
Fahrzeit ca. 50 Min.		ca. 90 Min. (über Föhr 120 Min.)		Fahrzeit ca. 60 Min.	
5:00	5:00 e	5:00	6:00	6:00	6:00
6:10	6:00	7:15	7:15	8:15	7:15
7:15	7:15	9:40	9:30 b	10:40	9:30 d
8:25	8:30	13:00	9:30 d	16:00	15:15
9:40	9:35	14:05 b	12:05	19:00	17:25
10:40	10:50	15:00	15:15	21:00 b	
11:35 b	11:50	18:00	15:55 b		
12:35	12:40 b	20:00 b	17:25		
14:05	13:50				
15:00	15:15				
16:30	16:30				
18:00	17:40				
19:00	18:40				
20:00 b					

b Fr
d Mo-Do
e Mo
blau Amrum Direktverbindungen (nicht über Föhr)

Samstag + Sonntag | 25.6.-4.9.2016

Dagebüll nach Föhr	Föhr nach Dagebüll	Dagebüll nach Amrum	Amrum nach Dagebüll	Föhr nach Amrum	Amrum nach Föhr
Fahrzeit ca. 50 Min.		ca. 90 Min. (über Föhr 120 Min.)		Fahrzeit ca. 60 Min.	
7:15	6:00	7:15	5:30	10:40	7:15
8:25	7:15	9:40	7:15	15:35	16:45
9:40	8:30	13:00	9:00	19:00	20:00 f
10:40	9:35	14:35	12:05	21:00	
12:10	11:00	16:35	14:45		
13:00	11:50	18:00	16:45		
14:05	13:20	20:00	18:15		
14:35	14.15				
15:20	15:15				
16:35	16:40				
18:00	17:45				
19:00	18:00				
20:00	20:00				
21:00 c					

c Sa
f So
blau Amrum Direktverbindungen (nicht über Föhr)

Frühjahr 18.3.-24.6.2016 | Spätsommer 5.9.-30.10.2016

Niedrigwasser/Sturm: Aktuelle Infos zu Fahrplanänderungen unter www.faehre.de

Dagebüll nach Föhr	Föhr nach Dagebüll	Dagebüll nach Amrum	Amrum nach Dagebüll	Föhr nach Amrum	Amrum nach Föhr
Fahrzeit ca. 50 Min.		ca. 90 Min. (über Föhr 120 Min.)		Fahrzeit ca. 60 Min.	
5:00 a	5:00 f	5:00 h	6:00	6:00 h	6:00
6:10 a	6:00	7:15	7:15 g	8:15	7:15 g
7:15	7:15	9:40	9:30 d	10:40	9:30 d
8:25	8:30	13:00	9:30 b	16:00	15:15
9:40	9:35	15:00	12:05	19:00	17:25
10:40	10:50	16:30 k	15:15	21:00 c	20:00 z
11:35 b	11:50	18:00	17:25		
12:35	12:40 b	20:00 c	20:00 m		
14:05	13:50				
15:00	15:15				
16:30	16:30				
18:00	17:40				
19:00	18:40				
20:00 c					

a werktags außer Sa
b Fr-So; nicht 18.3.-29.4./10.-30.10.
c Fr-So; auch GrünDo, Tag vor Himmelfahrt
d Mo-Do und täglich 18.3.-29.4./10.-30.10.
f Mo; nicht OsterMo, PfingstMo und 3.10.
g Sa+So; auch 24.3.,OsterMo und tägl. 30.4.-24.6./5.9.-9.10.
h werktags außer Sa; nicht 18.3.-29.4./10.-30.10.; auch GrünDo
k Sa, nur 30.4.-24.6./5.9.-10.10.
m nur 20.3./10.4./17.4./24.4./9.10./16.10./23.10.
z So; nicht PfingstSo, nicht 18.3.-30.4./2.-30.10.
blau Amrum Direktverbindungen (nicht über Föhr)

Winter 13.12.2015–17.3.2016 | Herbst 31.10.–10.12.2016

Niedrigwasser/Sturm: Aktuelle Infos zu Fahrplanänderungen unter www.faehre.de

Dagebüll nach Föhr	Föhr nach Dagebüll	Dagebüll nach Amrum	Amrum nach Dagebüll	Föhr nach Amrum	Amrum nach Föhr
Fahrzeit ca. 50 Min.		ca. 90 Min. (über Föhr 120 Min.)		Fahrzeit ca. 60 Min.	
6:10 a	5:00 g	7:20 x	6:00 c	8:20 x	6:00 c
7:20 x	6:10 x	9:40	7:15 i	10:40	7:15 i
8:25 a	7:15 c	15:00	9:35	16:00	9:35
9:40	8:30 k	18:40 k	12:05 d	19:40 k	12:05 d
11:00 a	9:35 a	20:00 m	12:05 h	21:00 m	17:25 k
12:00	10:50		17:25 k		
14:05 b	12:10 b				
15:00	13:20				
16:25	15:15				
18:40 k	17:30 k				
20:00 e	18:40 k				

a werktags außer Sa; nicht 24.+31.12.2015
b Mo-Fr; nicht 24./25./31.12.2015+1.1.2016
c Mo-Fr; nicht 25.12.2015 +1.1.2016
d Sa-Do; auch 1.1.2016; nicht 2.1.-5.1.2016
e Fr-So
g Mo
h Fr; nicht 1.1.2016; auch 2.1.- 5.1.2016
i Sa+So
k täglich; nicht 24.+31.12.2015
m Fr; auch 26./27.12.2015
x täglich; nicht 25.12.2015 + 1.1.2016
blau Amrum Direktverbindungen (nicht über Föhr)

Zusatzverbindungen

26.-30.12.2015: Dagebüll>Amrum 16:25 · **2.-5.1.2016:** Amrum>Dagebüll 13:30 · Föhr>Dagebüll 9:35/12:10/14:20
7.-17.3.2016 (Mo-Do)**:** Dagebüll>Amrum 12:00 · Föhr>Amrum 12:55 · Amrum>Föhr 14:05 · Amrum>Dagebüll 14:05

Register

Der Autor

Roland Hanewald wurde in Cuxhaven (also nicht allzu weit von Amrum entfernt) geboren und wuchs an der Weser auf. Nach über zwei Dekaden als Seefahrer und einem langjährigen Aufenthalt im Inselreich der Philippinen entdeckte der Autor Anfang der 1990er Jahre seine Liebe zur heimischen Nordsee wieder. Er ließ sich in Neuenburg in der Friesischen Wehde nieder, um als Schriftsteller und Journalist vollzeitlich tätig zu werden. Seither sind dort über 100 Bücher und mehr als 1500 Fotoreportagen entstanden, die Abnehmer in aller Welt gefunden haben.

Weitere Titel des Autors im Reise Know-How Verlag: Dänemarks Nordseeküste, Hollands Nordseeinseln, Nordseeküste Niedersachsens, Insel Borkum, Insel Juist, Insel Norderney, Insel Baltrum, Insel Langeoog, Insel Spiekeroog, Insel Föhr, Insel Helgoland und Insel Pellworm.

080b rh